Enigmas de la historia de Barcelona

Redbook

Enigmas de la historia de Barcelona

José Luis Caballero

MA
NON
TROPPO

Índice

Introducción

Después de bucear en los secretos de las calles, las plazas y los barrios de Barcelona, le queda a uno la sensación de que ésta es una ciudad inacabable e inabarcable, que queda tanto por decir que no bastaría con una enciclopedia. Y no hablo de Historia con mayúscula que de eso ya se encargan los expertos, hablo más bien de la crónica periodística, del día a día de la vieja Barcino, de la Barchinona de los godos, de la Marca Hispánica, del Condado, la República o la parte que le corresponda de las Españas. Esta ciudad está llena de misterios, de preguntas por responder, de aspectos sorprendentes y desconocidos, vivos en cada esquina. Como decía un amigo mío es una especie de Jerusalén en la que no te puedes apoyar en una piedra sin remover alguna sensibilidad. ¡Cómo no emocionarse ante las huellas de balazos en la iglesia de Sant Felip Neri! Y sin embargo, no nos engañemos, esa plaza no es un recuerdo medieval... ¿Qué hay debajo de la Catedral? Pues probablemente las tumbas de los primeros condes. ¿Es o no es la Sinagoga Mayor la que hay en la calle Marlet? ¿Quién era el Cagliostro que estuvo en Barcelona o el francés con bigote y sable que se paseaba por el puerto en 1793? Y a todo esto cientos, miles de ciudadanos anónimos han construido murallas, han erigido (y destruido) iglesias, han pirateado por el Mediterráneo y han sufrido el bombardeo de sus propios gobernantes. Barceloneses, ciudadanos libres comparables a otros ciudadanos libres que han visto como la ciudad construía hasta tres murallas y las derribaba después para extenderse por sus alrededores hasta engullir todo un mundo que se fue. Esa es mi ciudad y esa es mi gente.

Lejos de nosotros, no obstante, la tontería de calificar a las personas según su lugar de nacimiento, nada de eso, pero las circunstancias geográficas y políticas han forjado un modo de actuar genuinamente barcelonés. Al lector le corresponde valorar, que no juzgar, cuál es ese modo de ser o de actuar.

1. Dos mil años de Historia

Un recorrido misterioso y a veces increíble

Una ciudad con dos mil años de antigüedad tiene una Historia, con mayúsculas desde luego, y también una historia, minúscula, la de la vida cotidiana que implica tanto a ciudadanos corrientes como a transeúntes, autoridades, bufones, visitantes, príncipes y clérigos. De esas vidas a veces anónimas, de sus hechos heroicos y de sus miserias nacen los enigmas que se ocultan en cada esquina, en cada sótano y en cada una de sus viejas piedras. La densa historia de Barcelona desde su mítica fundación en el monte Táber hasta los fastos de la Ciudad Olímpica está repleta de acontecimientos y de curiosidades, algunas trágicas, otras divertidas, que hacen de ella un relato amable, excitante y a veces increíble. Piratas, músicos, deportistas, santos, esclavos, patriotas y traidores, artistas, negreros y reyes, de todo ha pasado por la la ciudad que ha visto crecer edificios, derribar murallas, cegar torrentes, pozos y rieras, abrir puertas en sus muros o asesinar a sus ciudadanos. Buceando en las bibliotecas, las hemerotecas y en los miles de archivos disponibles en la Red, como en una investigación periodística, la historia de la ciudad se puede vivir como un recorrido que solo precisa de unos cuantos paseos por sus viejos rincones para situar cada historia y cada recuerdo entre las luces y las sombras de sus calles. En cada calle un misterio, en cada casa una historia, en cada esquina un recuerdo, eso es Barcelona; como diría Joan Manuel Serrat: "Mil perfums i mil colors, mil cares té Barcelona".

Soldados y colonos

En tiempos de la conquista romana, entre el año 218 a.C. y el final de las guerras cántabras en 19 a.C. posiblemente ya existía, como se ha dicho, un asentamiento layetano en el monte Táber, pero con toda probabilidad fue entonces cuando el poder romano decidió instalarse en ese lugar. Hay constancia de que veteranos de la X Legión Gémina se instalaron en ella y probablemente de ese momento data la fundación o refundación de la ciudad. Años después, en el 63 d.c. la Legión X Gémina abandonó la península con dirección a Germania, pero ya sus veteranos licenciados se había quedado en la colonia Barcino.

Una gente encantadora

Entre los cimientos del Palau Episcopal y los del Palau Reial Major deben encontrarse los restos de lo que fue la primera residencia de los reyes visigodos que se instalaron en la vieja Barcino, llamada entonces Barchinona, después de retirarse del sur de Francia y dejar su sede en Narbona. Fue Ataúlfo, como se ha señalado, el primer rey visigodo instalado en la ciudad, pero su estancia como su reinado duró muy poco. Formó su corte en Barcelona en 415 y fue asesinado ese mismo año. Todo hace suponer que murió en el mismo palacio, hoy desaparecido, por una conjura de su corte de guerreros, obligados a vivir en paz y armonía con lo que quedaba del mundo romano. Las crónicas señalan a uno de sus generales más levantiscos, Sigerico, como la cabeza de la conspiración y a un enano, bufón de Ataúlfo, llamado Vernulfo como ejecutor. En una noche de copiosa cena, vino y diversión, Vernulfo cosió a puñaladas al rey. Otras versiones dicen que fue el mismo Sigerico el autor del magnicidio y aún hay una tercera que apunta a un criado llamado Dobbio, que había servido a otro general, Sarus, que Ataúlfo mandó asesinar. El caso es que Ataúlfo murió y su sucesor, Sigerico, cayó también asesinado, no unos meses después, sino al séptimo día de su reinado a manos de Walia, hermano de Ataúlfo.

Barcino: ¿un campo inundado?

Dice Víctor Balaguer, con conocimiento de causa, que en los documentos más antiguos Cataluña era conocida como Terrae Gothorum, es decir Tierra de los Godos; de ahí Gotholaunia y por corrupción de su pronunciación Cathalonia y de ahí Cataluña o Catalunya, según la grafía catalana. En cuanto a Barcelona, dejando aparte la leyenda de que tenga algo que ver con los Bárcidas (Amílcar Barca, Aníbal o Asdrúbal), parece ser que el nombre en su origen fue una bárcena o barciga, una voz prerromana que significa campo inundado y de ahí el nombre de la colonia romana: Barcino. De ahí se la fue llamando Barchinona (con la ch pronunciada como una k) Barcinona y finalmente Barcelona.

Carlomagno y Sant Pere de les Puel·les

Sant Pere de les Puel·les, monasterio benedictino femenino.

Entre los años 781 y 801, Barcelona estuvo dominada por los árabes, desembarcados en la península apenas setenta años antes, en 711 y que habían ocupado la ciudad pacíficamente. De hecho, la población de Barcelona, sobre 8.000 habitantes, era de ascendencia hispanorromana, cristianos de la postrimerías del Imperio y del reino visigodo, donde solo el ejército ocupante y los gobernantes eran foráneos. Uno de estos ejércitos ocupantes fue el franco, del emperador Carlomagno, que asedió la ciudad en 801 y la incorporó a su reino como Marca Hispánica, expulsando a los árabes. Durante el asedio, los guerreros al servicio de Carlomagno levantaron una capilla para sus rezos en un montículo llamado El Cogoll, situado donde hoy se encuentra la plaza de Sant Pere. Esa capilla, bajo la advocación de san Sadurní, sobrevivió muchos años hasta que fue incorporada al nuevo convento femenino fundado por el conde Sunyer en 945. El convento, de la orden benedictina, fue dedicado a san Pedro, pero al ser ocupado por un grupo de doncellas, *puellae* en latín, el vulgo empezó a llamarle Sant Pere "de les puelles". Almanzor lo incendió en 985 y esclavizó o asesinó a la monjas. En 1873 se derribó la mayor parte del edificio y en 1909, durante la Semana Trágica, ardió la iglesia, que, restaurada, volvió a ser incendiada en julio de 1936 y vuelta a restaurar en 1945.

Guillem, el conde ejecutado

En el año 850, Guillem de Septimània, hijo de Bernat de Septimània que había sido conde de Barcelona en dos ocasiones, fue apresado por los nobles barceloneses (visigodos) y ejecutado en el mismo palacio donde debía gobernar, junto a la que hoy es la Plaça Nova, el que más tarde sería reconstruido y conocido como como Palau Reial Menor o Castell Vell, para diferenciarlos del Palau Reial Major. Guillem había entrado en la ciudad al frente de un ejército formado mayoritariamente por musulmanes, súbditos del emir Abderramán II de Córdoba y la ocupación había sido pacífica pues Guillem pretendía el Condado tras la derrota y muerte de Sunifred I. No obstante en Barcelona no fue bien acogido pues la nobleza era partidaria del rey de los francos, Carlos el Calvo, con el que Guillermo estaba enfrentado. Le sucedió como conde de Barcelona Aleran, pero como venganza por la muerte de su aliado, los cordobeses de Abderramán II, al mando de Abd al-Karim ben Mugith asaltaron la ciudad que fue sistemáticamente saqueada e incendiada y mataron a Aleran. No hay constancia, pero es muy probable que los restos de Guillem estén bajo la Catedral, enterrados en la primitiva cripta de la basílica paleocristiana.

El conde desaparecido

En el archivo de la Catedral de Barcelona, se conserva el único documento que hace referencia a la renuncia al condado de Sunyer I, conde Barcelona y sucesor del ilustre Guifré I, el Pilós. El documento habla de la muerte de su esposa, Riquilda, y permitió en 1948 averiguar qué había sucedido con Sunyer, desaparecido de la historia aproximadamente en 947 sin que se supiera qué había sido de él. Al parecer, Sunyer dejó el mundanal ruido para refugiarse en la iglesia de Santa Maria de Roses, perteneciente al monasterio de Sant Pere de Roda. A Sunyer se le supuso enterrado, erróneamente, en el monasterio de Ripoll y no se había logrado averiguar cuál era el convento en el que había terminado sus días. Finalmente, en 1948, Pere Palol Salellas, investigador y director del Museo Arqueológico de Girona, descubrió en la iglesia de Santa Maria de Roses la lápida bajo la cual estaba enterrado el auténtico conde Sunyer, hijo de Guifré el Pilós.

Barcelona arrasada

Una de las peores calamidades caídas sobre Barcelona en toda su historia fue sin duda la razzia del caudillo cordobés Almanzor, Abu Amir Muhammad ben Abi Amir al-Maafirí Al Mansur Bin Allah. A finales de mayo del año 985 al frente de un ejército, principalmente de caballería, Almanzor se presentó en el Pla de Barcelona aprovechando la extrema debilidad del reino de los francos y la mala relación del rey franco Lotario con su vasallo el conde Borrell. Después de solo seis días de asedio, Almanzor entró en Barcelona a sangre y fuego. Según referencias de la época, logró romper la antigua muralla en lo que hoy es la calle de Regomir y por ahí penetraron los asaltantes. De su paso quedó el recuerdo de la destrucción de la iglesia de Sant Pau del Camp y del monasterio de Sant Pere de les Puel·les, pero no hay duda de que arrasó cuantas iglesias y conventos encontró a su paso, asesinó a gran parte de la población y cuando se retiró seis meses después se llevó cautivos como esclavos a cientos de barceloneses, entre ellos el jefe de los defensores, el vizconde Udalardo, requisó todas las riquezas de la ciudad y la incendió sistemáticamente.

Un pergamino histórico

El número 77 de la calle Almogàvers, junto a la avenida Meridiana, alberga desde 1993 el Archivo de la Corona de Aragón que, desde 1318 ha tenido su sede en Barcelona. Hasta 1993 estuvo situado en el Palacio del Lloctinent, junto a la plaza del Rey y su traslado a la nueva sede supuso una modernización de sus instalaciones y una revisión de sus fondos. Entre los documentos casi olvidados archivados desde tiempo inmemorial se encuentra un pergamino de 1044 firmado tal vez por el mayor número de personalidades de cualquier otro documento de la época. Se trata de un sencillo contrato de compra–venta en el que Ramón o Raimundo Seniofredo, un oscuro clérigo, natural al parecer de Rubí, vende dos libros de gramática latina a cambio de una casa en el barrio del Call y unos amplios terrenos en la llanura que hoy conocemos como Magòria. El autor de los libros no es otro que Prisciano de Cesárea, el más insigne de los gramáticos latinos que vivió a finales del siglo V. La compra la firma una pléyade de grandes hombres: Guislaberto, obispo de Barcelona; Oliva, obispo de Vic que fue abad de Ripoll; Guifredo, arzobispo de Narbona y diversas personalidades como el Arcediano de Barcelona, todo ello certificado por un juez eclesiástico.

Prisciano de Cesárea, el más insigne de los gramáticos latinos que vivió a finales del siglo V.

El tesoro de la gramática latina de Prisciano

La razón de tan importantes personajes en la compra de dos libros están en lo acaecido años antes en Barcelona, la *razzia* de Almanzor. A su salida de Barcelona, el caudillo cordobés no dejó más que cenizas y entre ellas las de los libros, pergaminos en aquella época, depositados en conventos, iglesias o edificios civiles, de tal modo que la ciudad se quedó prácticamente sin su fondo cultural. De ahí que fuera tan extremadamente importante recuperar, para empezar, la gramática de Prisciano que permitiría al menos empezar a escribir de nuevo con corrección, dado que el latín, en lucha permanente con la corrupción del idioma en la calle, seguía siendo la lengua culta y que permitía comunicarse con el resto del mundo.

La primera peste

Barcelona ha sido siempre la entrada a la Península desde el Mediterráneo y también la ruta por tierra más transitada desde Europa. Para bien y para mal. De esta última característica quedó constancia en el mes de abril de 1348 cuando un barco llegado de Génova cargado de especias, sedas y otros productos de oriente descargó también un visitante indeseado, la bacteria *yersinia pestis*, causante de la peste, la más terrible plaga que ha conocido la Humanidad hasta la aparición del sida. Los marineros del navío llegaron enfermos la mayor parte de ellos y probablemente las ratas, pasajeros habituales de los barcos, también se encargaron de transmitir la peste negra por la ciudad, primero entre los mozos y estibadores del puerto y luego entre sus familias y vecinos.

Cuando éramos esclavos

En el siglo X, el puerto de Barcelona era uno de los principales lugares de tránsito de esclavos en el Mediterráneo occidental con destino, principalmente, a la Córdoba musulmana y en 1231 tras la conquista de Mallorca por Jaume I, la totalidad de la población, musulmana, fue esclavizada y vendida en Barcelona. Un siglo después, en 1355, cuando se abrió la Plaça Nova, frente a la Catedral, se instaló en ella el lucrativo mercado de esclavos. Pocas veces, cuando se estudia Historia, se hace hincapié en que la esclavitud ha sido una práctica que no acabó, ni mucho menos, con la llegada del Cristianismo. Una de las herencias de la Roma imperial fue el mantenimiento de la institución del esclavismo durante toda la Edad Media, mezclada con la servidumbre.

La reunión del Tinell

Una curiosa leyenda barcelonesa, afirma que cierto día de mediados del año 1218, la Virgen María asistió a un consejo celebrado en el Saló del Tinell entre ella, el rey Jaume, su confesor Ramon de Penyafort y el mercader Pere Nolasc, llegado de Valencia aunque barcelonés de nacimiento. Era efectivamente una aparición de la Virgen, pero una aparición anunciada pues ya había hecho acto de presencia ante cada uno de los reunidos, siempre con el mismo argumento: que había que hacer algo para liberar a los miles de cautivos cristianos retenidos por los piratas musulmanes como esclavos o como rehenes en el norte de África. La Virgen presidió la reunión que ella misma había convocado y en la que se tomó la decisión de crear la Orden de la Merced con la finalidad de redimir a los cautivos mediante rescates o negociaciones. Hasta 1779 en que cambió su dedicación para convertirse en asistencia para presos diversos y marginados, la Orden liberó a unos 60.000 cautivos. Esa fue la causa de que la Virgen, en su advocación de la Mercé, desplazara a Santa Eulàlia como patrona de Barcelona.

En el Saló del Tinell se tomó la decisión de crear la Orden de la Merced.

El enigma de la cripta del antiguo Palau dels Comtes

Pere Nolasc, mercader, murió en 1245 y sus restos fueron enterrados en algún lugar de la cripta del antiguo palacio de los Condes, parcialmente derribado cuando se abrió la Plaça Nova, frente a la Catedral. Se dio la circunstancia de que los frailes dominicos y los mercedarios vigilaron de cerca las obras para intentar localizar las reliquias del santo, canonizado en 1628, y llevárselas a sus respectivos conventos. Uno de los frailes mercedarios se percató de que habían aparecido los restos y engañando a los obreros y a los dominicos que también vigilaban, volvió de noche, los sacó del lugar donde los había visto y se los llevó a su convento. Naturalmente, el retirarlos del lugar en el que estaban se perdió toda referencia de si era o no era el cuerpo del santo, con lo que aquellos despojos no sirvieron ni ante los arqueólogos ni ante la Iglesia.

El santo bandolero

Otro mercedario muy famoso y santo es Pere Ermengol de Rocafort, hijo de Arnau Ermengol, que por causas de una pelea debida a su carácter altivo y violento, fue perseguido por la justicia y se dedicó al bandidaje durante un tiempo. Fuera por la intercesión de la Virgen de la Mercè o por la de su padre ante el rey Jaume I, el caso es que dejó el bandolerismo y se dedicó a la redención de cautivos como fraile mercedario. La leyenda dice que fue ahorcado por los sarracenos en la ciudad de Bugía, en Argelia, pero fue resucitado por la Virgen, o el ahorcamiento fue defectuoso, por lo que volvió sano y salvo a Barcelona.

Expertos en la ballesta

Una de las razones que explican las libertades concedidas por los reyes francos, aragoneses o castellanos a la ciudad de Barcelona viene dada sin duda por el hecho de tratarse de una ciudad fronteriza, bastión contra las invasiones o penetraciones desde Europa a partir de una época, el final del Imperio romano, especialmente turbulenta. Tal y como se construía la muralla medieval, desde 1260, la principal preocupación del Consell de

Cent era tener siempre a mano ciudadanos lo suficientemente preparados militarmente para hacer frente a los peligros que pudieran venir del exterior, pero sin la necesidad de un ejército permanente y sin que tuvieran que dejar sus actividades diarias. Ya desde el siglo XIV, la preparación de los ciudadanos consistió en enseñarles el manejo del arma defensiva de la época, la ballesta. Al parecer, el primer espacio en que los barceloneses practicaban el tiro fue en el lugar que se llamaría Portal de l'Àngel y en aquella época era la riera de Santa Ana. Unos años después se construyó un auténtico recinto de entrenamiento en el barrio de La Ribera.

Una batalla naval

Hubo un tiempo en que el mar llegaba más o menos a donde

hoy está la calle Consolat de Mar, y los arcos que todavía sobreviven, Voltes d'Encants, tenían la utilidad de refugio para los constructores o reparadores de barcos que trabajaban en la playa y para los vigías que escudriñaban el horizonte para localizar piratas o enemigos que se aproximaran a la ciudad. Tal cosa es lo que sucedió el 9 de junio de 1359 cuando una flota de más de

Pere el Cerimoniòs.

cincuenta naves del rey de Castilla Pedro el Cruel, mandada por el veneciano Boccanegra, se presentó ante la ciudad con ánima de asaltarla. Descubiertas las naves por los vigías de las Voltes d'Encants, la ciudad, en la que se encontraba en aquel momento el rey Pere el Cerimoniòs, organizó a toda prisa la defensa encomendada a una flota de diez galeras y unas decenas de pequeñas embarcaciones. Las bombardas, armas de fuego, instaladas en algunas de las galeras catalanas, causaron tal daño en las atacantes que éstas, armadas solo con brigolas, pequeñas catapultas que solo lanzaban piedras, tuvieron que retirarse sin intentar el desembarco en la ciudad.

Asegurar el negocio

En el siglo XIII y XIV, el tráfico de esclavos en Barcelona era muy notable y, como cualquier otra mercancía, precisaba no solo de compradores y vendedores, sino de financieros o banqueros que aseguraran dicha mercancía. Uno de estos aseguradores, bien documentado, era Andreu Crexells[1] que entre 1453 y 1467 aseguró 34 de 43 transacciones de compraventa de seres humanos. Crexells aseguraba en cantidades de 30 a 84 libras por persona a esclavos de entre 11 y 30 años. Las esclavas embarazadas las aseguraba entre 40 y 70 libras. Los esclavos, en esos años, ya no era solo "moros" sino que eran rusos, búlgaros, tártaros y especialmente griegos, capturados por los mercenarios conocidos como Almogávares.

El esclavo aprendiz

En 1431 el censo de esclavos en Cataluña era de 1748, asegurados por la Generalitat, de los que 1255 estaban censados en Barcelona. Por lo general eran dedicados a los trabajos más duros, pero algunos menestrales o artistas los empleaban como aprendices.

El antipapa en Barcelona

En 1387, la Catedral de Barcelona acogió en uno de sus oficios religiosos, celebrado el día 24 de febrero, a un ilustre personaje, fundamental en la historia de la Iglesia. Se trataba de Pedro Martínez de Luna y Pérez de Gotor, en aquel momento cardenal nombrado por el Papa Gregorio XI, y que sería Papa poco después con el nombre de Benedicto XIII en medio del caos conocido como Cisma de Occidente. El cardenal Luna pronunció el sermón de ese día en presencia de Violante de Bar, la esposa del rey Juan I y de María, reina de Sicilia. Para entonces, los papas ya habían abandonado la sede de Aviñón donde habían permanecido de 1309 a 1377, pero la irregular elección del papa Urbano VI en Roma hizo que una parte de los cardenales, entre los que estaba Pedro de Luna, la rechazaran y volvieron a

---

1. *Assegurances i canvis maritims medievals a Barcelona.* Arcadi Garcia i Sanz, Maria Teresa Ferrer i Mallol.

Avignon donde eligieron un nuevo Pontífice, Clemente VII, con el apoyo de la monarquía francesa. A la muerte de Clemente, Pedro de Luna fue elegido papa en la sede de Avignon con el nombre de Benedicto XIII, enfrentado al papa de Roma, Urbano VI y a su sucesor Bonifacio IX. El cónclave de 1409, en Pisa, intentó solucionar la existencia de los dos papas eligiendo a un tercero, Alejandro V, lo que hizo que, falto del apoyo de Francia, Benedicto XIII (Pedro de Luna), se retirara a vivir a Barcelona y posteriormente a Peñíscola donde murió en 1423. A pesar de haber sido reconocido como papa por los reinos hispánicos, la Iglesia Católica le considera un antipapa.

¿Qué fue de los judíos barceloneses?

El espacio situado alrededor de la calle del Call, fue durante siglos el barrio judío de Barcelona, uno de los más importantes de Europa. Tras el salvaje asalto al barrio en agosto de 1391, la colonia judía barcelonesa, que debía tener unos 5.000 miembros, desapareció de la historia como si nunca hubiera existido. Se calcula que unos trescientos ciudadanos fueron asesinados y el resto o bien se convirtieron oficialmente al cristianismo o bien huyeron, principalmente por mar, a Italia, al norte de África y a Portugal, aunque algunos se refugiaron en pequeños pueblos lejos de las ciudades. No existe constancia de que se anotaran los nombres o apellidos que los conversos tomaron al bautizarse; los nombres habituales entre los judíos barceloneses como Abraham, David, Isaac o Samuel figuran en el santoral cristiano sin tener ninguna relación con el judaísmo y lo mismo se podría decir de los apellidos Salomó, Bonhom, Bondia, Bendit, Maimó, Vidal o Durán. Otros como Astruc, Jucef, Bonjudà, Bonsenyor, Benvenist, Baruc, Bellshom o Jaffia, han desaparecido prácticamente. En cuanto a los nombres

Un Call es como se llamaba antiguamente un barrio judío.

femeninos como Regina, Clara, Esther o Sara han sido incorporados a los nombres cristianos sin que exista ninguna relación y otros habituales en la comunidad judía como Preciosa, Rica, Bonadona, Bonafilla, Dolça, Goig, Estel·lina o Astruga han desaparecido. Cuando el decreto de los Reyes Católicos de 1492 obligó a los judíos a salir de los reinos hispánicos, en Barcelona prácticamente no quedaba ninguno.

1609, el año de la expulsión de los moriscos

La expulsión de los moriscos, es decir ciudadanos que habían sido musulmanes y figuraban ya como cristianos, fue más tardía, en 1609, aunque ya los Reyes Católicos habían publicado algún edicto en su contra, pero en 1503 el Consell de Cent había obtenido del rey el compromiso de no expulsar a los moriscos de la ciudad. En Barcelona no eran numerosos y ni siquiera tenían un barrio propio, pero en todo el Reino de Aragón se calcula que fueron expulsados unos 64.000 a través del puerto de Los Alfaques o por la frontera francesa.

Leones en Barcelona

Una de las muchas consecuencias colaterales que tuvo la destrucción del Call, el barrio judío de Barcelona, en 1391, fue la crisis planteada con los leones que en aquel momento poseía la ciudad. La existencia de leones en la ciudad de Barcelona se remonta a la época de los reyes de Aragón que gustaban tenerlos como expresión de la magnificencia no solo de la ciudad de Barcelona sino de otras como Valencia, Zaragoza o Perpiñán y precisamente un impuesto especial que gravaba a los judíos era el modo de mantener a esos leones. Al liquidarse el Call se planteó de pronto el problema de dónde sacar dinero para mantenerlos y de momento el rey Juan I decidió que una parte de los honorarios de los altos funcionarios se dedicaran a ese menester. Más adelante se ordenó que los animales muertos accidentalmente en el interior de la ciudad fueran destinados a comida de los leones y las pieles vendidas para obtener dinero. La cosa no quedó ahí y suprimido ese sistema, el Consell de Cent acordó subvencionar anualmente al leonero con diez libras anuales hasta 1653 en que se impuso al arrendatario del abastecimiento de carne de ternera a la ciudad la obligación de alimentar a las fieras.

La Casa dels Lleons en el Parc de la Ciutadella.

La Casa dels Lleons

El Parc de la Ciutadella luce todavía la fachada de la que fue "Casa dels Lleons", un edificio obra de Pere Falqués de 1894 y que sustituyó a un ala del Palau Menor, desaparecida en 1860, para abrir la calle de Sobradiel, y que llevaba ese mismo nombre. El cargo de "leonero" no era algo superficial o anecdótico, sino que era un funcionario real hasta el reinado del emperador Carlos y desde el siglo XVI un nombramiento del Consell de Cent. Hay constancia de los nombres de algunos de estos funcionarios, como Nicolas Ça Pisa, nombrado por el rey Martín el Humano, Antoni Barceló, que lo era en 1439, Juan de León, Pedro de Saldaña y Bernardo Falcó que fue el último nombrado por el Rey. Todos ellos provenían en su mayoría del funcionariado de la Corona. Los nombrados por el Consell de Cent a partir del siglo XVI eran ya ciudadanos corrientes de diferentes oficios, como el pintor Antoni Toreno, el zapatero Cirstòfol Riera o el peletero Josep Benca.

Iglesias y terremotos

Entre enero y febrero de 1428 andaba por Barcelona el fraile franciscano Mateo de Agrigento, italiano de nacimiento pero de ascendencia española, que por aquella época predicaba en los reinos hispánicos. Mateo, como buen franciscano, lanzaba desde el púlpito sus diatribas contra la opulencia, la riqueza y la inmoralidad de las costumbres y he aquí que el día 2 de febrero, día de la Candelaria, un violentísimo terremoto sacudió la ciudad y toda Cataluña. Cerca de dos mil muertos y derrumbes de cientos de casas

La iglesia de Santa Maria del Mar ha sufrido dos grandes terremotos que destruyeron Barcelona en la Edad Media.

fueron el resultado del temblor que incluso provocó la caída del rosetón de Santa Maria del Mar sobre los fieles que asistían en aquel momento al servicio religioso, con unos veinticinco muertos por los cascotes. Tal desgracia la achacó Mateo inmediatamente a la falta de moralidad de las costumbres especialmente a la usura, que se había extendido con práctica de comprar "censos", algo así como obligaciones financieras a medio o largo plazo derivadas de contratos de pago en especies. Esos censos obraban en realidad como préstamos financieros con altos intereses y no eran sino usura encubierta. Mateo declaró que participar en esas operaciones como comprador, vendedor, testigo o notario era objeto de pecado mortal y consiguió que esa práctica de crédito fuera desapareciendo.

Terremotos en Santa Maria del Mar

La iglesia de Santa Maria del Mar, construida entre 1329 y 1350, ha sufrido en su estructura dos de los grandes terremotos que asolaron Barcelona en la baja Edad Media. Uno de ellos el mencionado de la Candelaria y el otro en la noche del 21 de febrero de 1373 causando la caída del campanario de la iglesia además de muchos destrozos en los edificios de la ciudad. El terremoto fue de tal intensidad que se sintió en los castillos de los alrededores muchos de los cuales se agrietaron.

Joan Fiveller, Conseller

En la calle que hoy lleva el nombre de Segovia, más bien un callejón sin salida, sin nada que reseñar, vivió a finales del siglo XIV el que fue Conseller de la ciudad en repetidas ocasiones, Joan Fiveller, cuya estatua puede verse en la fachada del Ayuntamiento en homenaje a sus hazañas y logros al frente de la ciudad. Pero se da la circunstancia que en esa calle, en la esquina con Brocanters, vivió también un herrero del que no ha trascendido el nombre pero, dicen, fue el inventor de la llamada "forja catalana" o el sistema de fundición del hierro mediante aire inyectado a presión, un sistema que se extendió por toda Europa hasta principios del siglo XIX como el mejor método de fundición.

De la calle Segovia a la calle Ferran

En el año 2008, el Ayuntamiento de Barcelona dio el nombre de Joan Fiveller a la plaza–jardín que se encuentra frente al edificio del Parlament, en el interior del Parc de la Ciutadella. La calle Segovia se llamó hasta 1931 Fiveller, pero cuando el Ayuntamiento republicano puso el nombre de Fiveller a la actual calle Ferran, se cambió la primitiva por el actual de Segovia y en 1939 los vencedores de la Guerra Civil sustituyeron el nombre del Conseller por el de Fernando. La familia Fiveller tuvo también dos palacios, el primero en la calle Lledó y posteriormente el de la plaza de Sant Josep Oriol.

Un torneo y una negociación

En el libro *Los Secretos de las plazas de Barcelona*[2] se cita expresamente el actual Passeig del Born como la antigua plaza del mismo nombre en el que se celebraban justas o torneos pues born significa exactamente eso, torneo. En la obra de Manuel de Bofarull *Documentos relativos al príncipe de Viana* se da cuenta precisamente de un torneo celebrado en 1454 en ese lugar y que tuvo capital importancia para la historia de los reinos hispánicos. El torneo, al fin y al cabo un espectáculo de masas de la época,

---

2. José Luis Caballero/David Escamilla. Robinbook 2010.

fue la excusa para que se reunieran en Barcelona don Juan, infante de Aragón que luego sería el rey Juan II, y el marido de su hija Leonor, Gastón de Foix. Juan, que sería rey de Navarra por su matrimonio con Blanca de Navarra, había tenido dos hijos de ese matrimonio, Carlos, Príncipe de Viana y legítimo heredero por tanto, y Leonor, pero Juan, entre lucha y lucha del torneo, llegó al acuerdo con Gastón de Foix, el esposo de Leonor, para que fuera ella la heredera del trono navarro. Aquello provocó una cruenta guerra civil en Navarra y a la larga otro conflicto armado en Cataluña entre 1460 y 1461.

La Mare de Déu de l'Empenta

El Passeig del Born, cuando todavía era una plaza, se instaló el convento de frailes dominicos llamado de Montserrat, por estar bajo la advocación de esa Virgen. Por razones desconocidas, los frailes agustinos, instalados en el convento donde hoy se alza la plaza de Sant Agustí Vell, rivales, dieron por llamar a la Virgen de Montserrat que adoraban los dominicos la Mare de Déu de l'Empenta y así se la conoce en círculos catalanistas y en especial entre los escaladores de la montaña de Montserrat, "la mare de Déu de l'Empenta, patrona dels escaladors".

Cap i Pota

Muy cerca del Passeig del Born, donde estuvo uno de los más importantes mercados medievales, se encuentra la calle de Malcuinat, curioso nombre para una calle. La razón de este antiguo nombre es que en esa calle, en largas mesas de madera al aire libre, se vendía el plato conocido como "malcuinat" o "cap i pota", que era guisado con los restos de tripas, cabezas y patas de cordero o de vaca que no se podían vender en el cercano mercado. Aquel guiso, de bajo coste y muy barato para los clientes, era despachado para los trabajadores, esclavos y menestrales de la zona, especialmente los días de mercado.

En la calle de Malcuinat se vendía el plato que hoy conocemos como *cap i pota*.

Una boda real e irreal

El 28 de julio de 1476, en el Saló del Tinell de Barcelona, tuvo lugar una boda de Estado, al estilo de la realeza, que unió a Juana de Aragón, hija del rey Juan II y hermana menor del futuro Fernando el Católico, con el rey de Nápoles, Fernando I. Nada extraordinario alrededor de una boda pactada, salvo el hecho de que Fernando I no vino a Barcelona para sus esponsales, sino que envió a su hijo, Alfonso, duque de Calabria, para representarle y tomar por esposa a la joven Juana en una boda por poderes. Juana, de 22 años y Alfonso, de 26, hacía una magnífica pareja en un día muy celebrado por la ciudad de Barcelona, salvo por el detalle que el marido no era Alfonso, sino su padre, de 53 años y viudo de Isabel de Tarento. Unos días más tarde, el 6 de agosto, Juana fue coronado como reina de Nápoles en una ceremonia en la Plaça del Rei y el día 22 embarcaba con destino a Nápoles.

El rey más longevo

El día 19 de enero de 1479, o el 20 según algunos historiadores, murió en Barcelona el rey Juan II de Aragón, hijo de Fernando I, que había reinado desde 1458 en Aragón y desde 1425 en Navarra. La muerte tuvo lugar en el Palau Episcopal donde se había recluido desde el día 24 de diciembre después de una actividad frenética en las últimas semanas dedicado a la caza, a los actos religiosos y a recorrer a caballo los alrededores de Barcelona. Pere Miquel Carbonell, notario e historiador al servicio de la Corona, cuenta[3] que durante el mes de diciembre, el rey Juan, cumplidos los 83 años, empezó por asistir en Barcelona a la procesión de la Inmaculada y dos días después partió a caballo para una cacería por el valle del Llobregat y el macizo de Garraf, llegando hasta la localidad de Vilanova i la Geltrú. Con un tiempo infernal, frío y tempestuoso, siguió la cacería, siempre a caballo, pernoctando de pueblo en pueblo, Calafell, Cañellas, Vilafranca, sufriendo ataques de gota,

---

3. *De exequiis sepultura et infirmitate Regis Ioannis Secundi.* P. M. Carbonell 1517.

enfriamientos, fiebres y hasta un dolor de muelas que requirió que viniera desde Barcelona su médico personal, Gabriel Miró y el mejor cirujano que pudo encontrar. Incapaz su cuerpo de asimilar semejante trote, cayó en el lecho el día de Navidad y ya no pudo levantarse.

La joven y el clérigo

Paralela a la Rambla, entre Boqueria y Ferran circula la calle de Aroles que hace referencia a la familia de ese nombre. Hacia 1520 una de las casas nobles de la calle, en el lado contrario a la muralla y con un gran jardín, era la de un noble ciudadano llamado Joan Gualbes que fue Conseller Segon en 1519 y 1520. Al parecer, Joan Gualbes tenía una bella hija que en 1520 tenía 18 años de edad y era de gran belleza. No ha trascendido el nombre, pero sí el hecho de que a través de la reja del jardín tenía encuentros furtivos con un presunto amante, Gaspar Burgués de Santcliment, que en una noche del mes de julio intentó, con dos cómplices, forzar la entrada de la reja para que la joven se fugara con él. No consiguió su propósito y el padre se llevó a la muchacha a otra de sus casas en Sarrià, pero ella se las ingenió para comunicarle su nuevo encierro y el joven, esta vez a la luz del día y con un grupo armado, asaltó la casa y se la llevó. Denunciados al Consell de Cent, los fugitivos fueron localizados y detenidos, la joven encerrada en un convento y Gaspar, que era clérigo aunque no muy fiel al voto de castidad, fue también juzgado por un tribunal eclesiástico aunque no ha quedado constancia de su condena, si es que la hubo.

San Sebastián contra la peste

El día 12 de abril de 1507, Guillem de Santcliment, Conseller en Cap, procedió a la colocación de la primera piedra de una nueva iglesia en un espacio junto a la Llotja, frente a la Volta dels Encants, dedicada a San Sebastián, santo invocado siempre contra la peste, tal vez porque fue soldado y participó en diversas guerras. La iglesia, que sobrevivió hasta 1875 en que fue derribada, fue un intento de luchar contra la peste, asociada siempre a la guerra y los cadáveres sin enterrar, una enfermedad presente por la falta de higiene que era una constante, no solo en Barcelona claro está, sino en todo el mundo medieval. La peste de 1507 fue especialmente virulenta en Barcelona con un impacto trágico en la ciudad especialmente durante los meses de marzo y abril. Además de la asistencia a los enfermos más necesitados, el Consell de la ciudad organizó un equipo de cuatro alguaciles "capdeguaitas" encargados de vigilar los bienes y las casas de los enfermos o huidos de la ciudad que eran objeto de los desalmados que aprovechaban la desgracia para apoderarse de los bienes o pertenencias de los ausentes.

Felipe, heredero de la Corona

En 1543, el palacio Requesens, sede hoy de la Acadèmia de les Bones Lletres, situado en la calle Bisbe Caçador, registró un acontecimiento importante. Lo ocupaba entonces Galcerán de Requesens, recién nombrado Lugarteniente General de Cataluña y distinguido con el título de conde de Palamós, por lo que el palacio se identificaba más por su esposa, la condesa de Palamós, pues Galcerán pasaba mucho más tiempo viajando al servicio del rey Carlos I que en su casa. En esas fechas, vivió en Barcelona el príncipe Felipe, hijo y heredero de Carlos I, que reinaría con el nombre de

El palacio Requesens fue el palacio más grande de Barcelona durante la Edad Media.

Felipe II y se cuenta[4] que en el palacio de los Requesens, fieles servidores de la monarquía, se organizó una fiesta de máscaras y disfraces para agasajar el joven príncipe, que tenía entonces 16 años, donde se le presentaron las jóvenes más bellas de la ciudad. Más de setenta damas trataron de hacer que se divirtiera el príncipe, según cuenta Van de Nesse, desde las tres de la tarde hasta las cuatro de la mañana.

---

4. Van de Nesse, cronista de los viajes de Carlos I y de Felipe II.

Un conflicto superficial

El Portal de l'Àngel, la más aristocrática de las entradas a Barcelona, tuvo un gran día el 23 de febrero de 1559 cuando por ella hizo su entrada el nuevo virrey nombrado por el emperador Carlos V, rey de España y conde de Barcelona. El virrey no era otro que el ilustre marino García de Toledo, marqués de Villafranca, que había participado en la gran batalla de Túnez al mando de seis galeras armadas en Nápoles, entonces perteneciente a la Corona española. El recibimiento fue apoteósico pues la operación, una de las primeras grandes acciones de desembarco de la historia, alivió notablemente del acoso que las costas catalanas sufrían por parte del pirata y almirante turco Jeireddín Barbarroja. La "luna de miel" entre Barcelona y García de Toledo se rompió cuando al final de su mandato, en 1564, el virrey quiso asistir a un oficio religioso en la Catedral y ocupar su sitio en el Altar Mayor, que le correspondía como representante del rey. A ello tenía derecho según los fueros barceloneses, pero García de Toledo quiso que le acompañara su esposa, la italiana Victoria Colonna, algo habitual en Nápoles, pero a lo que se negaron las autoridades con una interpretación estricta de los privilegios de la ciudad. El conflicto no fue más allá, pero la ciudad de Barcelona y García de Toledo, que marchaba para sumir el mando de la Flota del Mediterráneo, quedaron enemistados para siempre.

El torneo acuático

El conocido como *Manual de Novell Ardits* o *Dietari de l'Antic Consell Barceloní*, da cuenta de un gran fiasco en el puerto de Barcelona durante el mes de diciembre de 1586, acaecido a cuenta de la llegada del duque de Osuna, Pedro Téllez de Girón, llegado desde Nápoles donde había ostentado la representación del rey Felipe II como Lugarteniente General. En aquel momento ejercía el cargo de Lugarteniente Real en Cataluña un sobrino del duque, Juan Manrique de Lara, quien intentó por todos los medios implicar a la ciudad en la recepción a su tío, sin demasiado éxito. Después de fracasar en su intento de que Barcelona recibiera a las galeras con salvas de artillería, algo reservado solo a la realeza, organizó un torneo marítimo, es decir, caballeros armados con lanzas y escudos sobre una estrecha plataforma sujeta a la proa de sendas embarcaciones. Naturalmente los caballeros, los músicos y los ayudantes acabaron en el agua debido a la mala mar, antes incluso de haber podido medir sus habilidades con la lanza.

La plaga

El 22 de diciembre de 1586, los Consellers de la ciudad hicieron quemar en la bocana del puerto una nave recién arribada por el peligro que representaba dado que llegaba de Girona, donde se había declarado la peste. Unos meses después, el virrey hizo encarcelar a un hombre que llegó también de la zona infectada, lo que da una idea del terror que la sola palabra "peste" significaba en la época. Pero todo fue inútil y en junio de 1589[5] los primeros casos de peste se manifestaron en la zona portuaria dando lugar a la peor epidemia de la historia de la ciudad. En octubre se habían contabilizado ya 10.935 muertos, una cuarta parte de la población de la ciudad, y eso contando con el hecho de que una parte de los afectados no llegaban a morir, lo que da una idea de la extensión de la epidemia.

La peste en Barcelona

Según consta en los anales de la ciudad relatados por Campmany, el día 20 de octubre de 1589 el ciudadano francés Bernard Rigaldi fue condenado a muerte por curar la peste sin ser médico ni estar facultado para ello y en agosto, dos viajeros habían sido condenados a doscientos latigazos por entrar en la ciudad cuando estaba prohibido a causa de la enfermedad. Y aún en agosto del año siguiente se condenó a un boticario a ser expulsado de la profesión por distribuir medicinas falsas contra la enfermedad.

5. Antonio Campmany. *Memorias históricas sobre la marina, comercio y artes de la antigua ciudad de Barcelona.*

¡Piratas!

El día 5 de octubre de 1590 pasó a la historia de la ciudad de Barcelona como uno de esos días que tal vez no cambiaron la historia pero que permaneció por mucho tiempo en el recuerdo de sus gentes. Hacia las 4 de la tarde la alarma circuló por la ciudad porque a la playa del barrio de La Ribera llegaron dos galeras presumiblemente de piratas turcos, como sucedía con demasiada frecuencia. Curiosamente, el desembarco pareció pacífico y decenas de hombres, vestidos algunos con harapos y otros con cierta prestancia, se dirigieron a la multitud que se había agolpado para verles. La arribada era realmente pacífica y todos aquellos hombres resultaron ser los galeotes cristianos, esclavos de los piratas turcos, que amotinados, habían conseguido lanzar al mar a las tripulaciones y capataces y se habían hecho con el control de las naves. La rebelión había estado capitaneada por un italiano, Horacio Roma, gravemente herido en el combate, que falleció poco después a pesar de los cuidados que recibió en casa de un veneciano llamado Simon Frigeri, cerca de la Llotja.

La construcción de los baluartes

En gran parte de su historia, Barcelona ha estado abierta al mar, en ocasiones demasiado abierta, como le sucedió a partir del siglo XVI cuando las galeras turcas y sus protegidos, los piratas del norte de África, dominaban el Mediterráneo. La mayor parte de los baluartes y fuertes construidos por las autoridades de Barcelona datan de esa época. En 1513 se inició la construcción de la muralla de mar. En noviembre de 1527 se inició la construcción del Baluard de Migdia, aproximadamente donde se encuentra hoy el Port Vell y en 1536 el Baluard de Llevant, ya en el barrio de La Ribera. En 1540 se construyó el Baluard de la Plaza del Vi, ya desaparecida, situada más o menos donde hoy está el Portal de la Pau y en 1553 el de las Drassanes.

La antigua muralla del mar de Barcelona, 1870.

Los desastres de la guerra

El día 1 de noviembre de 1623 se construía en las Drassanes varias galeras que debían participar en la Guerra de los Treinta Años en la que España y sus aliados luchaban contra Francia. Desde Mallorca llegaron un centenar de soldados para su dotación que, ociosos, protagonizaron una pelea en el interior de Santa Maria del Mar con el resultado de la muerte del cónsul del Gremio de Plateros que intentó poner orden. Meses después, en abril de 1624 otro contingente de soldados, esta vez genoveses, llegaron a la ciudad para nutrir la dotación de varios buques que se fabricaban bajo las órdenes de los hermanos Júdice, genoveses establecidos en la calle Montcada. Por causas de la bebida y la prepotencia se originó una violenta pelea entre soldados genoveses y mallorquines (supuestamente aliados en el mismo bando de la guerra) con el resultado de Consellers agredidos, casas incendiadas y desmanes y saqueos por toda la ciudad. Poco después, uno de los hermanos Júdice, mató de una puñalada a un marinero que no quiso obedecer su orden de sumergirse por segunda vez para recuperar un mástil que la impericia de Júdice había hecho que fuera a parar bajo el agua por dos veces.

El origen de la Guerra dels Segadors

Es bien conocido el episodio del Corpus de sang que, en 1640, inició un violento estallido social principalmente en Barcelona pero que se extendió después a toda Cataluña en la llamada Guerra dels segadors. Una de las causas, se ha dicho, fueron los desmanes de los soldados acantonados en Cataluña en el marco de la Guerra de los Treinta Años, y uno de esos primeros acontecimientos[6] fue el episodio de Santa Maria del Mar.

La primera república

El 17 de enero de 1641, Pau Claris, Conseller en Cap de la Generalitat de Catalunya, proclamó la República Catalana ante la proximidad del ejército real enviado para reprimir el levantamiento iniciado el Corpus de sang. Al mismo tiempo se puso bajo la protección del rey de Francia, Luis XIII, con el que firmó una alianza que se mantendría hasta el final de la guerra en 1652. Entre agosto de 1651 y octubre de 1652 la ciudad sufrió un férreo cerco por parte del ejército real mandado por Juan José de Austria en el que la mayor parte del esfuerzo defensivo recayó sobre la población barcelonesa, abandonada por el ejército francés y agrupada, como era costumbre de la época, según los oficios. El sector de la Muralla de Mar, donde se luchaba enconadamente para recibir precarios suministros por mar, lo defendían las cofradías de Mercaderes, Cerrajeros, Plateros, Marineros y Pescadores con el apoyo (moral, claro) de los Padres Mercedarios y el clero de Santa Maria del Mar.

Auto de fe

Hubo un tiempo en que se quemaban vivas personas en el nombre de Dios. Sin embargo, la Inquisición en Barcelona obró siempre de forma menos drástica y criminal que en otros puntos de Europa. Uno de los autos de fe del Tribunal del Santo Oficio, presidido por fray Pío Vives, prior del Convento de Santa Caterina,

6. Jerónimo Pujades, *Dictario*.

tuvo lugar el día 7 de noviembre de 1647 en la plaza del Born contra varios ciudadanos acusados de brujería en distintos grados. La primera de las acusadas era una mujer, Mariana Cots, nacida en Berga, que acusada de hechicera reincidente y de no haber cumplido una anterior condena de destierro, debía sufrir la pena de doscientos azotes y un destierro por diez años de los obispados de Barcelona y Solsona. Le seguían hasta catorce acusados, hombres y mujeres. Uno de ellos, un joven marinero llamado Juan Gallart, ya fallecido en un combate naval, fue condenado a que la figura de madera que le representaba fuera quemada por haber abjurado del cristianismo y hacerse musulmán. El único condenado a muerte, a garrote vil, fue Sebastián Barata, tintorero de Barcelona, por crimen nefando contra la moral, sea lo que sea eso a juicio de los inquisidores.

La visita de Felipe V

Una de las razones por las que el rey Felipe V se desplazó a la Ciudad Condal nada más tomar posesión de la Corona de España, en 1701, fue la de recibir a la que sería su esposa, María Luisa Gabriela de Saboya, en el limite de su reino, Barcelona, como era costumbre de la época. El rey llegó a la ciudad en el otoño de 1701 después de pasar por Zaragoza donde juró los fueros del Reino de Aragón, y por las ciudades de Lérida y Cervera donde hizo lo propio. El recibimiento en Barcelona fue el que cabía esperar a un rey, apoteósico, pero las dificultades empezaron por los problemas de comunicación[7]. Felipe de Anjou tenía entonces 17 años, era tímido y de pocas palabras, solo hablaba francés, apenas entendía algo de castellano y de latín y ni una palabra de catalán. Los malos entendidos siguieron ese camino, como el hecho de abandonar la explanada ante la Llotja en un acto oficial antes del desfile gremial protocolario que el rey no conocía. Cuatro años después, en 1705, una parte de la nobleza catalana, desconfiando de Felipe V, se sumó a la alianza en contra de los Borbones auspiciada por Austria, Inglaterra y otros países europeos. De ese modo Cataluña retiró su apoyo a

7. De estos acontecimientos existe una magnífica tesis de María de los Ángeles Pérez Samper, de la Universidad de Barcelona: "Felipe V en Barcelona. Un futuro sin futuro"

Felipe V y se sumó a las filas del pretendiente Carlos de Austria, lo que a la larga fue nefasto para el país.

El privilegio de insaculación

Hubo otros detalles que hicieron desconfiar profundamente a una parte de la nobleza catalana. Uno de estos detalles tenía que ver con el privilegio ancestral de que los Consellers podían cubrirse la cabeza en presencia del monarca. Felipe V lo respetó a su manera, estableciendo que podrían cubrirse cuándo él así se lo ordenara. Un sutil cambio que no gustó en la ciudad. El martes día 4 de octubre, el rey Felipe juró las constituciones de Cataluña, pero al mismo tiempo los representantes catalanes también juraron fidelidad al rey. El conflicto se presentó en las Cortes catalanas, cuando el rey se negó repetidamente a devolver el privilegio que autorizaba a elegir a los regidores o Consellers por suerte, con sus nombres en un saco. Este privilegio, llamado de insaculación, había sido suspendido por Felipe IV tras la Guerra dels Segadors.

Felip d'Anjou llegó a Barcelona cuando tenía 17 años, era tímido y de pocas palabras.

La venganza de un rey

La Guerra de Sucesión que asoló Europa y desde luego España de 1701 a 1713, tuvo uno de sus capítulos finales, en 1714, con la caída de Barcelona. Felipe V, el Borbón que sucedió a Carlos II, se vengó de lo que consideró una traición de los catalanes y un ejemplo de su venganza, tal vez solo una leyenda, lo cuenta Joan Amades[8] con referencia a un artesano cestero, de gran prestigio en la ciudad, que vivía en la entonces plaza del Born. Fiel partidario del archiduque Carlos, el cestero había fabricado una vajilla en mimbre, tan delicada y bien hecha que era capaz de contener líquidos sin derramarse y la obsequió al archiduque cuando éste visitó Barcelona. Enterado Felipe de Anjou, o sus ayudantes, de la fidelidad del cestero, le buscaron al entrar en la ciudad con la intención de matarle, algo que no pudieron conseguir pues escapó vestido de fraile y aunque juró que él mismo mataría a Felipe V nunca pudo llegar a cumplir su amenaza.

Una ciudad violada

El día 11 de septiembre de 1714 ha pasado a la historia como la jornada en que capituló la ciudad después de una férrea resistencia al ejército franco–español del Conde de Berwick y el inicio de la venganza del rey de España, Felipe V de Anjou, que fue terrible, pues liquidó de un plumazo toda una historia de libertades de la ciudad y de todo el Principado. El encono de Felipe V contra los catalanes le llevó no solo a eliminar el derecho ancestral o sus instituciones libres, sino que trató a la ciudad de Barcelona como terreno conquistado, con decisiones tan agre-sivas como derribar todo un barrio, La Ribera, que se le había resistido especialmente, para edificar un bastión militar, la Ciutadella que, al estilo de la Bastilla, sirvió para para reprimir a la ciudad y no para defenderla.

La Ciutadella, un antiguo emplazamiento militar.

8. *Guia Llegendaria de Barcelona*. Joan Amades. *La Ribera*.

El general humillado

La venganza de Felipe V contra Cataluña y los catalanes tuvo uno de sus aspectos más ruines en el Portal de Mar, la puerta de la muralla situada en lo que hoy es el Pla del Palau. Allí, durante doce años, quedó expuesta la cabeza del general Josep Moragues en una jaula de hierro, como muestra del odio suscitado por un soldado que no había hecho más que defender sus lealtades. Moragues, uno de los generales más destacados del ejército austracista durante la Guerra de Sucesión, se había retirado a sus posesiones de Sort tras la derrota de 1714, amparado por la costumbre de la época de respetar al enemigo derrotado o prisionero, pero llamado a Barcelona por el capitán general Francisco Pío de Saboya y Moura, éste le mandó detener, torturar y decapitar. El 27 de mayo de 1715 se cumplió la sentencia en el Pla del Palau y su cabeza quedó expuesta para escarnio de sus verdugos.

Matrimonio peculiar

El Palau de la Virreina se considera uno de los mejores exponentes del Barroco de la arquitectura civil de Catalunya.

Felipe Manuel de Amat i Junyent, el famoso virrey Amat, ganó fama como militar pero sobre todo como administrador colonial en América donde fue virrey del Perú entre 1761 y 1776. Su nombre figura en una de las plazas más importantes del distrito de Nou Barris y la huella de su presencia permanece en el Palau de la Virreina, construido para su esposa Maria Francesca de Fivaller i de Bru. Precisamente la boda de Manuel Amat con la joven aristócrata es uno de los sucesos más curiosos de la vida del insigne virrey. La joven, de apenas veinte años cuando contrajo matrimonio, estaba prometida a Antoni Amat i Rocaberti, sobrino de Manuel Amat, pero el día de la boda, el joven no se presentó, arrepentido en el último momento. Consternado por el honor de la familia, Manuel Amat, a la sazón de 63 años, pidió en matrimonio a la joven que aceptó encantada. Se casaron dos años después, en 1779 y el virrey falleció en 1782. Como nota aún más curiosa, Manuel Amat dejó en herencia el palacio de la Rambla a su joven esposa y al presunto marido, su sobrino Antoni Amat.

El choque de los convoyes

En el subsuelo de la plaza del Virrei Amat tuvo lugar el día 30 de octubre de 1975 el peor accidente de los que ha sufrido el metro de Barcelona en toda su historia. Cuando faltaba un cuarto de hora para las nueve de la noche, dos convoyes chocaron violentamente en dicha estación con el resultado de un centenar de heridos, treinta de ellos graves. La única víctima mortal fue el conductor de uno de los convoyes y según los diarios de la época ese accidente fue la prueba de fuego para el nuevo plan de atención de catástrofes de la ciudad de Barcelona.

"El Rebombori del pa"

Un 28 de febrero, el de 1789, Barcelona vivió otro de sus levantamientos violentos que, aunque coincidió con la Revolución francesa, no tuvo nada que ver con ella, ni en cuanto a ideología ni en cuanto a fines. El motín, conocido como "El Rebombori del pa" se inició en la calle Tallers, donde se ubicaba el llamado pastim, el horno municipal donde se cocía el pan, el alimento básico de la población. La causa fue un enorme aumento del precio del trigo y por consiguiente del pan, que disparó la ira de la población que asaltó el pastim y le prendió fuego. El día siguiente, 1 de marzo, fue una continuación de los desórdenes con ocupación de la catedral y llamada al somatén, ya francamente

El Rebombori del pa fue una revuelta popular espontánea contra la subida del precio del pan.

antipopular, por parte de las autoridades. El resultado fue de siete condenas a muerte entre los revoltosos, varias decenas de detenidos y el cese del Capitán General, Francisco González y de Bassecourt, pero el trigo no subió de precio.

El francés con sable y bigote

El día 1 de octubre de 1793, en plena Guerra del Rosellón entre España y la República Francesa, se paseaba por los muelles de Barcelona un francés, elegantemente vestido, con sable al cinto y un espectacular bigote. El paseante no era otro que el vice-almirante vizconde de Saint–Julien, prisionero tras un combate naval en el que la flota francesa resultó derrotada por la anglo–española. La costumbre de la época respetaba el derecho de los altos oficiales caídos prisioneros a conservar su sable. Días después, el 11 de noviembre, el vizconde fue embarcado a bordo del bergantín Corzo junto a otros prisioneros para trasladarlos a Málaga, lejos de la zona de enfrentamiento en el sur de Francia.

Joan Clarós, el guerrillero catalán

En esa guerra, entre 1793 y 1795, que terminó muy mal para los intereses españoles, destacó un soldado llamado Joan Clarós, que luchó como ayudante mayor en el Batallón Ligero de Girona. Unos años después, Clarós sería el más brillante guerrillero catalán contra la ocupación francesa, con destacadas acciones como la batalla de Molins de Rei, la derrota y persecución del general Duhesme o el levantamiento del primer sitio de Girona. Pero el principal mérito de Clarós fue deshacer completamente la línea de suministros franceses entre la frontera y Barcelona con enormes pérdidas para las fuerzas del general Augereau.

Bodas sí, pero sobrias

El 4 de octubre de 1802, Barcelona fue escenario de una boda real, la del futuro rey Fernando VII con María Antonia de Borbón, princesa de las Dos Sicilias, en la que sería la primera de sus cuatro bodas. Fernando, hijo de Carlos IV, y María Antonia, hija de Fernando, hermano del rey, eran primos y habían contraído matrimonio civil por poderes en Nápoles. Cuenta el historiador Roberto Pelta Fernández[9] que María Antonia «lloró desconsolada al contemplar por primera vez su imagen, siendo descrito por su suegra como un sujeto 'de horrible aspecto', pues era obeso, poseía una voz aflautada y tenía un carácter apático». El enlace fue un despliegue y un dispendio sin precedentes en Barcelona. El embajador español en París, Nicolás de Azara, político, diplomático y mecenas, presente en los festejos, escribió: «España ha perdido la cabeza y no sabe qué hacer para gastar en estas bodas». El despliegue de semejante boda contrasta con las disposiciones que regían en el siglo XIV y XV en la Ciudad Condal para estos acontecimientos. Durante todo el siglo XV los Consellers de la ciudad publicaron leyes y órdenes para limitar el dispendio en los banquetes de bodas de sus ciudadanos. En 1363, una orden fijaba el número de comensales en cuatro hombres y cuatro mujeres por cada uno de los contrayentes, dieciséis en total y el día de la boda y los ocho días siguientes quedaban prohibidos en la mesa los pavos, los capones y la volatería en general así como los confites.

Enlace real en Barcelona

El mismo día, 4 de octubre, pero de 1997 tuvo lugar en la Catedral de Barcelona la boda entre la infanta Cristina de Borbón y Grecia, segunda hija del rey Juan Carlos I y de la reina Sofía de Grecia, con Iñaki Urdangarín Liebaert. El banquete del enlace reunió a unos 1500 invitados servidos por 300 camareros y un puñado de chefs y ayudantes de cocina con un menú que consistió en «sorpresa de quinoa real con verduritas y pasta fresca como primer plato, y lomo de lubina con suflé de langostinos y emulsión de aceite virgen como segundo y un postre realizado a base de preludio de chocolate y crema inglesa, y la tarta nupcial de fresitas».

9. Historiador de la Sociedad Española de Alergología e Inmunología Clínica y Miembro Numerario de la Asociación Española de Médicos Escritores y Artistas.

La Creu Coberta

En el cruce de la calle de Sant Antoni Abad con la Ronda Sant Antoni, se abría hasta mediados del siglo XIX, cuando se derribaron las murallas, una de las puertas de la ciudad, la que llevaba el nombre de Sant Antoni porque junto a ella se encontraba la iglesia del mismo nombre. Ya fuera de la muralla, en dirección sur, existía un pequeño collado que llevaba desde antiguo el nombre de Coll de la Creu. Allí fue erigida una cruz de piedra para señalar el camino que arrancaba de Barcelona hacia Sarrià,

La Creu Coberta era una cruz de término municipal que se cubrió con una techumbre para protegerla de las inclemencias del tiempo.

Pedralbes, Les Corts y luego hacia Zaragoza y Madrid. La fecha es incierta pero debió ser a mediados del siglo XV cuando fue levantada y poco después se la cubrió con una techumbre para protegerla de las inclemencias del tiempo. De ahí el nombre por el que fue conocida "creu coberta". Un hecho poco conocido es que entre 1810 y 1811, en los alrededores del Coll de la Creu, el que entonces era solo un jefe guerrillero, Josep Manso i Solá, con un puñado de hombres, llevaba de cabeza al ejército francés que ocupaba Barcelona. Desde sus bases en el Baix Llobregat, Manso participó activamente en la recuperación de la ciudad en 1814.

Josep Manso, un mariscal de campo relegado

Como todo lo que en Barcelona se refiere a la "guerra del francés", el nombre del general Josep Manso i Solá ha quedado relegado a la segunda fila de la historia de la ciudad, aunque tiene dedicada una discreta calle en el Eixample. Nacido en Borredà en 1785, era hijo de un molinero, cuya profesión siguió en su juventud hasta que la invasión francesa le empujó a la guerrilla. Destacado estratega y valiente combatiente, participó en numerosas escaramuzas por las que, poco a poco, fue ascendiendo de graduación hasta llegar, en 1811, al grado de coronel a las órdenes del general Luis Lacy. Terminada la guerra fue incorporado al Ejército español donde en 1823 llegó al grado de mariscal de campo. Se retiró a los 62 años estableciendo su residencia en la masía conocida como Can Manso, que se encuentra en el municipio de Cornellà en el límite con Hospitalet, junto a la ermita de Bellvitge y murió en Madrid en 1863.

Una espía en guerra

En algún lugar del barrio de la Barceloneta, posiblemente en las cercanías de la calle dedicada a Andrea Doria, vivió a principios del siglo XIX una mujer notable, Narcisa Roca, de la que se conocen pocos datos, salvo los encontrados en actas de juicios durante la ocupación francesa (1808–1814) y en las actas de sesiones de las Cortes de la década de los años veinte del siglo XIX. Se sabe que Narcisa Roca fue la sirvienta del presbítero Coret, un activo agente secreto al servicio del general Lacy contra los ocupantes franceses. En la vivienda de Narcisa Roca se reunían conspiradores y agentes del Ejército español como Gaspar Lleonart, Manuel Arañó, Bia, Villegas y Olivier, todos ellos citados en actas del interrogatorio de la policía francesa de ocupación. Narcisa fue detenida y encarcelada por las autoridades de Napoleón, condenada a muerte y conmutada después la pena por prisión perpetua, pero liberada tras la salida de los franceses. Las Cortes tuvieron a bien premiarla con el grado de subteniente del Ejército y una pensión vitalicia por sus trabajos de espía y por sus desvelos por los barceloneses presos en la Ciutadella.

Un desastre social

A las 6 de la mañana del día 4 de agosto de 1821, la Junta de Sanidad del Ayuntamiento de Barcelona abrió una reunión extraordinaria para hacer frente a algo nuevo en una ciudad ya castigada por muchas epidemias. Los miembros de dicha comisión, trasladados a la zona portuaria de la Barceloneta, dieron fe de la muerte de dos marineros del navío de guerra Concepción, del reino de Nápoles, otros dos del bergantín Gran Turco y de una mujer llegada por mar desde Sant Feliu de Guixols. Todos ellos, aunque en momento no se estuvo seguro, padecían la terrible fiebre amarilla, endémica en grandes zonas de Centro América y de África, y que había aparecido ya en algunos puertos europeos. En aquel primer envite falleció el capitán del Concepción y toda su familia y ya el 20 de agosto los muertos en la ciudad eran cincuenta, pero cuando la epidemia estalló en toda su virulencia ayudada por el hacinamiento, la insalubridad de la ciudad y la incompetencia de las autoridades, la cifra de muertos llegó a los 20.000, casi el veinte por ciento de la población barcelonesa.

El caso del mariscal Basa

Uno de los hechos más violentos de la célebre bullanga barcelonesa de 1835 fue la muerte del mariscal de campo Pedro Nolasco Basa, segundo en el mando de Cataluña tras el Capitán General Manuel Llauder. En vista de la abierta rebelión de la ciudad contra las autoridades, el Capitán General había salido de la ciudad según algunas fuentes persiguiendo a los rebeldes huidos y según otras huyendo de la inseguridad de Barcelona, tomada por grupos de ciudadanos enfurecidos contra la Iglesia y contra el Gobierno. El caso es que Llauder ordenó al mariscal Basa que entrara en la ciudad, algo que desaconsejaron muchos barceloneses conscientes de la situación. Desde el balcón del Ayuntamiento, Basa se enfrentó a los rebeldes con arrogancia haciendo caso omiso del ultimátum que le dieron de que saliera de la ciudad o sería asesinado. Pasada la hora límite que le señalaron, la una de la tarde, una turba encolerizada asaltó el edificio del Gobierno en la plaza Palau y asesinó a Basa, según algunas fuentes de varios disparos de arma de fuego y según otras a puñaladas, probablemente de ambas maneras. El cuerpo de Basa fue lanzado a la calle desde el balcón, atado y arrastrado por los revoltosos hasta la calle Ample primero y luego las de Regomir, la plaza Sant Jaume, la calle del Call, la de Ferran, Comte de l'Assalt, Sant Ramon y Sant Pau hasta llegar a la Rambla donde quemaron el cuerpo en una hoguera que estaba consumiendo los archivos policiales obtenidos también en un asalto.

Incendio de Bonaplata

Uno de los sucesos más significativos de la primera bullanga barcelonesa, la de 1835, fue el incendio de la fábrica Bonaplata, situada en la calle Tallers, muy cerca de la muralla. El incendio se produjo en la noche del 5 al 6 de agosto de 1835 llevado a cabo por un grupo de personas que, según la fuente, podrían ser ciudadanos enfurecidos contra la autoridad, obreros temerosos de perder sus puestos de trabajo por la competencia de las máquinas de vapor, o desalmados que quisieron aprovecharse del ambiente de rebelión. Lo cierto es que la fábrica Bonaplata era la primera empresa textil que instalaba en España una máquina de vapor para mover los pesados telares de hierro fundido, todo un avance en la producción textil que algunos trabajadores veían como

La noche del 5 al 6 de agosto de 1835 la fábrica Bonaplata fue asaltada y incendiad

una agresión. Andreu Avelí Pi i Arimon[10] decía que el suceso, fuera de toda lógica, fue obra de una turba de «marineros y gitanos» y señala como instigadores a «malvados que, por envidia o por interés particular, miraban con malos ojos, aquel avance de la industria catalana, primer ensayo de las fábricas de vapor.»

10. *Barcelona antigua y moderna*. Librería Politécnica de Tomás Gorchs, 1854.

El infame bombardeo

Baldomero Espartero.

El día 3 de diciembre de 1842, la ciudad de Barcelona sufrió un intenso bombardeo de artillería desde el castillo de Montjuïc, ordenado desde el gobierno de Madrid presidido por el general Baldomero Espartero, y ejecutado por el Capitán General de Cataluña, Antonio van Halen. El bombardeo provocó el incendio y destrucción de más de cuatrocientas casas, una treintena de muertos y cientos de heridos. Los disparos artilleros fueron totalmente aleatorio con el único fin de hacer daño a la población y obligar a que desistiera de su oposición al Gobierno de Espartero, adalid del librecambio, empeñado en acabar con la protección a la industria y al comercio que amenazaba a arruinar Barcelona. El protagonista principal de aquella jornada fue Antonio van Halen y Sarti, nacido en Cádiz en 1792 y amigo íntimo de Espartero que se había distinguido en la Primera Guerra Carlista en el bando isabelino, resistiendo y derrotando los ataques carlistas en Perecamps. Pero más destacado que Antonio fue su hermano Juan van Halen que no solo luchó también contra los carlistas sino que llegó a combatir como oficial de alto rango en el ejército belga y en el ruso, además de colaborar con el rey José, hermano de Napoleón, dedicarse a la enseñanza del idioma español, a la exploración marítima y participar en todas las revoluciones liberales habidas y por haber. Murió en Cádiz el 8 de noviembre de 1864.

Un derribo interrumpido

Es de sobras sabida la historia del recinto conocido como la Ciutadella, convertido en parque público desde su donación a la ciudad por un Decreto de 1859 y el posterior derribo que se inicio en 1868. No es tan conocido que el Ayuntamiento de

Barcelona, por decisión propia, inició su derribo en 1841 cuando todavía era propiedad del Ejército. Todo sucedió a causa del pronunciamiento del general O'Donnell en Pamplona contra el Gobierno de Espartero quien dilataba indefinidamente la decisión de acabar con la Ciutadella, repetidamente solicitado desde Barcelona. El Ayuntamiento, siguiendo la rebelión de O'Donnell, se lanzó al derribo amparado por los planteamientos liberales de aquel pero la derrota del movimiento del general hizo que se paralizaran las obras y una orden desde el Gobierno de Espartero obligó a reconstruir lo derribado con cargo a las arcas municipales.

El Primero de mayo

El Teatro Tívoli, donde se celebró el primer mitin obrero de Barcelona.

En el teatro Tívoli, sito en la calle de Casp, tuvo lugar el 1 de mayo de 1890 el primer mitin obrero en Barcelona, convocado para reclamar la jornada de ocho horas y celebrar el día 1 de mayo como el día de la clase obrera. El teatro, inaugurado en 1880, fue escenario de muchos otros mítines en su historia y había sustituido en 1880 a uno anterior, al aire libre, de 1869. Aquel teatro formó parte de unos jardines, lugar de ocio de la ciudad, que se inauguraron en 1849 con el nombre de Jardines Tívoli, imitando los que ya existían en Copenhague desde 1843. Al igual que los daneses, los Jardines abiertos en Barcelona, fuera de las murallas en un espacio abierto, eran una zona donde se ofrecían espectáculos como conciertos, bailes, atracciones diversas y todo ello en un espacio bucólico y al aire libre.

La lucha por los derechos laborales

Las reivindicaciones obreras de aquel Primero de mayo se difundieron ampliamente entre los trabajadores: «Limitación de la jornada de trabajo a su máximum de ocho horas para los adultos. Prohibición del trabajo a los niños menores de catorce años y reducción de la jornada laboral a seis horas para los jóvenes de uno y otro sexo de catorce a dieciocho años. Abolición del trabajo de noche de la mujer y de los obreros menores de dieciocho años. Descanso no interrumpido de treinta y seis horas, por la menos, cada semana para los trabajadores. Prohibición de ciertos géneros de industria y de ciertos sistemas de fabricación perjudiciales para la salud de los trabajadores. Supresión del trabajo a destajo y por subasta. Supresión del pago en especies o comestibles y de las Cooperativas patronales. Supresión de las agencias de colocación. Vigilancia de todos los talleres y establecimientos industriales, incluso la industria doméstica, por medio de inspectores retribuidos por el Estado; y elegidos, cuando menos la mitad, por los mismos obreros».

Importador de tecnología

ntiago Salvador Franch.

En plena efervescencia social en los años de fin del siglo XIX, un día de marzo de 1893 se produjo una tremenda explosión en el número 15 de la calle Ausiàs March, en la que resultó muerto un hombre que, en un primer momento, se pensó que era un vagabundo. Identificado poco después resultó ser un conocido anarquista italiano llamado Francesco Momo, compañero de Enrico Malatesta[11], que acababa de llegar de Argentina donde había organizado diversos grupos y atentados ácratas. La explosión la había provocado una potente bomba conocida como Orsini que él acababa de introducir en España y que estaba manipulando en aquel momento. Un par de aquellas bombas ya habían salido de su taller para ir a manos de Santiago Salvador que las lanzaría a la platea del Liceo.

11. El más famoso de los anarquistas italianos, partidario si no inventor de la "acción directa", es decir el asesinato terrorista selectivo.

Un artefacto mortífero

La bomba Orisini, que recibe su nombre de su inventor, el anarquista Felice Orsini, es un diabólico artefacto esférico de metal relleno de pólvora negra y con múltiples dispositivos fulminantes de mercurio en el exterior a modo de púas de erizo. Se mostró extremadamente eficaz pues estallaba por percusión fuera cual fuera el modo de lanzarla. Las antiguas minas marítimas están basadas en ese invento. Felice Orsini fue guillotinado el 13 de marzo de 1858, condenado por un atentado contra Napoleón III.

El Corpus y los anarquistas

En la noche del 7 de junio 1896, tuvo lugar un luctuoso suceso en la calle de Canvis Nous, muy cerca de la iglesia de Santa Maria del Mar, cuando circulaba por dicha calle la procesión del Corpus Christi con las primeras autoridades de la ciudad y numerosos fieles. Una bomba –Orsini– lanzada desde un balcón causó doce muertos y decenas de heridos sin llegar a alcanzar a las autoridades. El atentado, supuestamente anarquista, provocó una violenta reacción contra el movimiento ácrata en general, con más de cuatrocientos detenidos. Los juicios de Montjuïc de los que salieron seis penas de muerte, varias de cárcel y decenas de desterrados, no aclararon gran cosa pues estuvo tan salpicado de irregularidades que nunca se supo a ciencia cierta si los condenados habían sido realmente los autores. La procesión del Corpus, una de las más importantes de la Barcelona de aquellos tiempos, tiene su origen en las fiestas paganas dedicadas a la luna llena de primavera. En Barcelona se acompañaba de representaciones teatrales y era una de las ocasiones en las que gigantes y cabezudos hacían acto de presencia.

El delator

En el atentado, el proceso y la represión estuvo implicado uno de esos personajes ambiguos de los que no se sabe exactamente para quién trabajaba. Se trata del obrero Tomaso Ascheri, militante anarquista o confidente de la policía, o tal vez las dos cosas, italiano o francés de Marsella, según dos versiones. Detenido tras el atentado se confesó autor, bajo tortura naturalmente, y delató a otros supuestos miembros. Fue fusilado en el foso del castillo de Montjuïc, como el resto de los condenados, pero siempre voló sobre él la sospecha de que trabajaba para las fuerzas de seguridad.

Esclavistas y comerciantes

En el edificio de la Llotja de Barcelona tuvo lugar el día 28 de diciembre de 1871 una reunión de magnates del comercio barcelonés, en especial indianos con negocios en Cuba y Puerto Rico, para crear el Círculo Hispano–Ultramarino. Bajo ese nombre un tanto anodino se escondía una organización de presión para impedir la liquidación del esclavismo en Puerto Rico, preludio de lo que podía suceder en Cuba donde el negocio era de mucha mayor envergadura. El Círculo, que pasó a llamarse Liga Nacional, contó entre sus

La Llotja de Barcelona, lugar de reunión de los comerciantes de Barcelona.

fundadores y miembros con personajes de la talla de Joan Güell i Ferrer, padre de Eusebio Güell el mecenas de Antoni Gaudí o Antonio López, marqués de Comillas, ambos enriquecidos con el comercio de esclavos. Como señala Albert Balcells en su libro *Cataluña contemporánea*, el Círculo Hispano–Ultramarino de Barcelona se distinguió especialmente en su campaña esclavista y en la presión para liquidar la efímera monarquía de Amadeo I de Saboya.

Libertades limitadas para los negros

De la mentalidad esclavista de la época puede dar fe una entrevista realizada al presidente del Consejo Cánovas del Castillo en 1896, diez años después de que él mismo firmara, presionado, la abolición de la esclavitud en Cuba. «Los negros en Cuba son libres; pueden contratar compromisos, trabajar o no trabajar…y creo que la esclavitud era para ellos mucho mejor que esta libertad que sólo han aprovechado para no hacer nada y formar masas de desocupados. Todos quienes conocen a los negros os dirán que en Madagascar, en el Congo, como en Cuba son perezosos, salvajes, inclinados a actuar mal, y que es preciso conducirlos con autoridad y firmeza para obtener algo de ellos. Estos salvajes no tienen otro dueño que sus propios instintos, sus apetitos primitivos. Los negros de Estados Unidos son mucho más civilizados que los nuestros: son los descendientes de razas implantadas en suelo americano desde hace varias generaciones, se han relativamente transformado, mientras que entre nosotros hay cantidad de negros venidos directamente de África y completamente salvajes. ¡Pues bien! vea incluso en los Estados Unidos cómo se trata a los negros: tienen unas libertades aparentes que se les permite utilizar dentro de ciertos límites. A partir del momento en que desean beneficiarse de todos sus pretendidos derechos de ciudadano, los blancos salen rápidamente a recordarles su condición y a colocarlos en su lugar».

El primer partido

El día 8 de diciembre de 1899, en el velódromo de la Bonanova, ya desaparecido, en un terreno entre la estación de Bonanova de los Ferrocarriles de la Generalitat y el Turó Parc, tuvo lugar un encuentro de fútbol, el deporte recién llegado desde Inglaterra. Era el primer partido que jugaba el recién creado Futbol Club Barcelona, fundado por el suizo Hans Gamper unos días antes, el 29 de noviembre. El encuentro fue contra el equipo formado por los ingleses residentes en Barcelona, quienes ganaron el partido por 1 gol a 0. Los barcelonistas saben que el primer presidente del Club no fue su fundador, Gamper, sino que la elección recayó en el más veterano de los doce futbolistas que fundaron el Club, el inglés Walter Wild que presidió el Club hasta el 25 de abril de 1901 cuando tuvo que regresar a su país por motivos profesionales.

Jaussely y Cerdà

El 29 de marzo de 1905, el Ayuntamiento de Barcelona otorgó un premio al urbanista francés Leon Jaussely ganador del concurso de Enlaces de Barcelona con los pueblos del Llano. Para entonces, el Eixample de Cerdà ya estaba en marcha, pero faltaban por diseñar las comunicaciones y el ensamblaje con los pueblos, algo que Jaussely ideó completando la ciudad abierta y popular de Cerdà. El proyecto incluía no solo trazados de vías para la comunicación y puntos interesantes, sino una redefinición del plan de Ildefons Cerdà con una mayor densidad de construcción, pero propuestas como los espacios libres alrededor de la Sagrada Familia o dos grandes avenidas saliendo de la plaza de las Glòries eran consideradas como demasiado onerosas para las arcas municipales. Su proyecto llamado Romulus nunca se llevó a cabo.

La noche del ¡Cu–Cut!

La noche del 25 de noviembre de 1905, Barcelona vivió uno de los episodios más esperpénticos de ese principio de siglo. Esa noche, el triángulo comprendido entre las calles del Pi, de Xuclà y Cardenal Casañas sufrió la furia de un grupo de militares, de uniforme y armados con sus sables reglamentarios. Unos cien oficiales asaltaron la redacción de la revista *Cu–Cut*, la del diario *La Veu de Catalunya* y la imprenta donde se hacía el tiraje de ambas publicaciones, destruyendo sus instalaciones y

Primer número del ¡Cu-cut!

lanzando a la calle documentos, papeles y diversos enseres a los que prendieron fuego. La causa de tal incívico comportamiento no fue otra que la publicación en *Cu–Cut* de un chiste gráfico que los militares consideraron ofensivo.

Foto para la posteridad

Una de las fotografías más famosas sobre los sucesos de la Semana Trágica, es aquella en que aparece, en la calle Pelai, un grupo de guardias civiles, dos a pie y uno a caballo, deteniendo a un sospechoso. La foto está tomada desde el centro de la calle en el lugar en que Pelai desemboca en la plaza de Catalunya y el detenido es un hombre joven, vestido con un guardapolvo blanco, con gorra y alpargatas al que uno de los guardias agarra por la solapa. Varias personas observan la escena y el guardia que va a caballo parece estar instando a la gente que no se acerque o que se abstenga de intervenir. Tras ellos, se puede ver la persiana echada de un negocio de carruajes, una "cochería" donde se anuncian "Servicios de lujo".

Cuando el pueblo se levantó

El nombre de Semana Trágica se le dio a los días transcurridos entre el lunes 26 de julio y el 1 de agosto de 1909 cuando se produjo un levantamiento popular en Barcelona, básicamente por la recluta forzosa de soldados para la guerra de Marruecos, aunque también  enmarcado en las luchas políticas y sindicales de la época. El saldo oficial fue de un centenar de muertos, la mayor parte obreros, miles de detenidos y unos ochenta centros religiosos incendiados, pero las cifras reales fueron cercanas a los seiscientos obreros muertos.

Una de les fotografías más famosas sobre los sucesos de la Semana Trágica.

El primer asalto

En 1909, el barrio del Clot era un núcleo obrero, de pequeñas viviendas insalubres y atestadas donde en verano se cocía algo más que el bochorno y el calor barcelonés. De sus vecinos habían salido gran parte de los soldados reclutados para la guerra en Marruecos y el gran número de bajas dejaba viudas y huérfanos sin recursos. El lunes 26 de julio se inició la huelga general contra el reclutamiento y ese mismo día a las tres y media de la tarde una multitud de trabajadores asaltó la comisaría situada en el número 61 de la calle del Clot, el primero de los edificios asaltados en aquellos días.

…Y el último

El último edificio que ardió en la nefasta Setmana Tràgica de 1909 no fue un convento o una iglesia, sino una fábrica de licores, la llamada Licores Tortres en la calle de la Cera número 51, propiedad de Antonio Tortres. El tremendo estallido social de aquella última semana de Julio también había tenido como primer incendio un edificio del mismo barrio de Sant Antoni, las Escoles Pías y la iglesia de Sant Antoni, situadas en la Ronda, una entidad ligada al carlismo que tanto había castigado a España y que recibía cuantiosas subvenciones del Estado.

Iglesias y conventos incendiados

La quema de conventos y establecimientos religiosos, especialmente dedicados a la enseñanza, fue uno de los objetivos de los ciudadanos rebelados en esa semana, especialmente por el odio cumulado por su riqueza, su apoyo a los carlistas en las tres guerras aún muy vivas y su falta de sintonía con la situación de los trabajadores. En el pequeño espacio del Poble Sec y la zona más cercana a la Ronda de Sant Antoni se acumulaban siete establecimientos religiosos, todos ellos atacados e incendiados; en la Ronda Sant Antoni y en las calles Blasco de Garay, Blay, Tapioles Olivera.

No todas somos católicas

En la plaza dedicada al Obispo Urquinaona, un soleado domingo de 1910 tuvo lugar una gran concentración de mujeres en apoyo de la política del gobierno de Canalejas, encaminada a recortar el poder y la influencia de la Iglesia católica. El Gobierno presidido por Canalejas acababa de aprobar la ley conocida como Del Candado, prohibiendo la instalación de nuevas órdenes religiosas en España y ante la contestación de las Damas Católicas, otros colectivos femeninos salieron en apoyo del Gobierno y contra la Iglesia. Las Damas Rojas, las Damas Radicales y la Sociedad Progresiva Femenina organizaron una gran manifestación que arrancó en la plaza de Urquinaona y terminó ante el Gobierno Civil en la plaza Palau, donde tuvo gran protagonismo el discurso pronunciado por Ángeles López de Ayala, fundadora de la Sociedad Progresiva. La pancarta que abría la manifestación decía: «No todas somos católicas».

Otra fotografía histórica

El día 19 de julio de 1936, Agustí Centelles, el único reportero gráfico que salió a las calles de Barcelona para dejar constancia de un día memorable, estuvo a punto de morir bajo las balas de dos guardias de asalto. Los guardias, uno de ellos en camiseta, estaban parapetados detrás de dos caballos muertos en el cruce de las calles Diputació y Roger de Llúria defendiéndose de francotiradores rebeldes, probablemente soldados del Regimiento de Artillería al que pertenecían los animales muertos. En un momento, acosados por las balas, uno de los guardias vio una figura que se ponía en pie y apuntaba hacia ellos; cuando iba a disparar, su compañero le detuvo: «¡no tires, es el Centelles!». El fotógrafo había arriesgado su vida para tomar una fotografía, de los dos guardias disparando parapetados tras de los caballos muertos, una foto que daría la vuelta al mundo como símbolo de la lucha en las calles de Barcelona.

Soldados y milicianos

En el cruce de la calle Gran de Gràcia con la Travessera, núcleo de nacimiento de la villa de Gràcia tuvo lugar un hecho fundamental en el desarrollo de la lucha el día 19 de julio de 1936. A las 6 y media de la mañana tres camiones que arrastraban los cañones del 7º Regimiento de Artillería que se dirigían a un punto de encuentro un centenar de metros más abajo, en el cruce de la avenida Diagonal con el Passeig de Gràcia, se ven en medio de un intenso fuego cruzado de milicianos fieles a la República desde diversos puntos de la calle Gran y de los edificios colindantes. El avance es imposible y los soldados se rinden, con lo que los milicianos se hacen con piezas de artillería fundamentales en la derrota de los rebeldes.

El Clot obrero y anarquista

En el número 2 de la plaza del Mercat, en el barrio del Clot, estuvo hasta 1939 el Ateneo Libertario del barrio, un centro de reunión revolucionario, nacido a raíz del golpe de estado de julio de 1936. Nada más producirse el alzamiento, la CNT y la FAI del barrio ocuparon el edificio que hasta entonces había sido el Ateneu Obrer Català, ligado a la católica y religiosa Lliga Regionalista. En ese local, el día 25 de enero de 1939 se reunieron por última vez los restos del movimiento libertario del Clot para emprender el viaje al exilio, en camiones algunos y otros a pie, con un magro equipaje. Entre aquellos últimos resistentes estaba un viejo militante ácrata del barrio, Diego Camacho Escámez, más conocido como Abel Paz, autor de *Viaje al pasado*, una crónica imprescindible sobre la Barcelona en guerra.

Arús, la biblioteca

En el libro de *Los secretos de las plazas de Barcelona*[12]se hace referencia a un personaje y una biblioteca singular que lleva su

nombre: Rosend Arús. El mecenas e intelectual Rosend Arús tiene una pequeña calle dedicada en el barrio de Sants y la biblioteca que dejó en herencia a la ciudad está situada en el Paseo de Sant Joan, en el número 26, con solo un discreto letrero decimonónico que señala el lugar. La biblioteca Arús posee una de las colecciones más destacadas en lengua española relativas a los movimientos

El discreto letrero decimonónico que señala la biblioteca Arús en el Paseo de Sant Joan.

sociales en España, al anarquismo, la masonería y la política en general, un auténtico tesoro documental. Precisamente esas características de la biblioteca hicieron que, al finalizar la Guerra Civil, los vencedores la cerraran y así permaneció hasta 1967 en que se abrió de modo tan discreto como su cartel anunciador. Lo que no se suele señalar y poca gente sabe es que fue un falangista, subjefe provincial del Movimiento, José Maluquer Cueto, quien se preocupó de proteger y conservar el inigualable fondo documental de la biblioteca. Él consiguió detener el afán revanchista y destructivo de los fascistas triunfadores en la guerra e incluso facilitó a estudiosos e intelectuales la consulta de sus libros al margen de la represión de la época.

12. José Luis Caballero/David Escamilla, Ediciones Robinbook, 2010.

2. Calles, edificios y
recuerdos

Una ciudad que crece, desaparece y se transforma

Como no podía ser de otro modo en una ciudad que tiene más de dos mil años, Barcelona ha ido creciendo, superando el emplazamiento original, pero también una parte importante ha ido desapareciendo, algunas veces por la lógica del crecimiento, como en el caso del derribo de las murallas y otras veces por necesidades ligadas al saneamiento, como la apertura de la Via Laietana o la Rambla del Raval. Encajonada entre dos ríos, el Llobregat y el Besós, y la sierra de Collserola, Barcelona ha tenido un limitado espacio de crecimiento y los nuevos barrios diseñados escrupulosamente como el Eixample o la Villa Olímpica, o construidos caóticamente como Nou Barris ha ido forjando la personalidad barcelonesa del siglo XXI. Una obra como la Ciutadella o la construcción de la segunda o tercera muralla, cambiaron también la fisonomía de la ciudad y todo ello, unido a la evolución natural, el crecimiento o la especulación, fueron haciendo desaparecer calles, edificios y rincones que nunca más volverán.

La labor de protección de las murallas

Como es sabido, las murallas de Barcelona se derribaron en 1854 para liberar a la ciudad del corsé que suponía aquella fortificación que impedía el crecimiento urbano y condenaba a los barceloneses a vivir hacinados con problemas de salubridad y de limpieza. El acto inaugural de derribo de las murallas tuvo lugar el 7 de agosto de 1854 en la puerta de Isabel II, una entrada y salida de la ciudad muy reciente, abierta en 1847 tras el derribo del cuartel que cerraba la Rambla en su inicio, junto a la hoy Plaza de Catalunya. La muralla era efectivamente, un anacronismo que había que solucionar, pero tenia un aspecto positivo que se pudo ver el 15 de septiembre de 1862. Ese día una torrencial lluvia, de más de 14 horas seguidas, provocó una tremenda inundación en la ciudad, desprovista de la protección que suponían las murallas. Las rieras que cruzaban el Pla, la de Malla y el Bogatell principalmente, se desbordaron llegando a alturas de más de un metro en zonas como la Plaza del Pi, y arrasando completamente la Rambla donde un impetuoso torrente se llevó al mar los primeros quioscos de bebidas recién instalados.

El fantasma seductor

En 1845, de modo discreto, Barcelona había empezado algunas reformas urbanísticas que, en 1854 culminarían con el derribo de las murallas. Como parte de esa reforma se había derribado el antiguo Cuartel de Estudios, dedicado a la artillería, situado en lo que hoy es la Rambla dels Estudis, cerca de la fuente de Canaletas y fue precisamente entre las ruinas de ese cuartel donde en ese año de 1845 apareció una figura embozada, vestida de blanco y negro, que la población calificó inmediatamente de fantasma. La sospecha era que se trataba de algún héroe del arma de artillería que reivindicaba su derecho a aquel lugar. El caso es que poco después, las muchachas jóvenes que iban a llenar sus cántaros a la fuente de Canaletas empezaron a ser acosadas por el dicho fantasma, con piropos y apariciones sin que nunca el asedio fuera a más. Asustados, los vecinos organizaron una partida de doscientos hombres, armados, que vigilaron la fuente durante varias noches sin que el supuesto fantasma volviera a hacer acto de presencia.

Justo y Pastor... o Cástor y Pólux

En un recodo de la calle Ciutat, junto a la calle de Hércules, se encuentra la iglesia basílica dedicada a los santos Justo y Pastor, los niños mártires hispano–romanos ejecutados en el año 304 por orden de Daciano, el gobernador enviado por el emperador

Diocleciano para acabar con la secta de los cristianos. Esta iglesia es tenida por una de las más antiguas, si no la más antigua, de Barcelona, pues hay constancia de que ya en el año 65 existía allí un templo clandestino de aquella secta. El enigma que durante mucho tiempo presidió la iglesia está en su techo, donde se pueden observar trece escudos. ¿Qué significan esos escudos? Si el observador se toma la molestia de unirlos con líneas rectas imaginarias, aparece un mapa de la constelación de Géminis, Los Gemelos, cuyas dos estrellas principales recibieron en el mundo romano los nombres de Cástor y Pólux, los dos hermanos que acompañaron a Ulises en sus aventuras. De todo ello se deduce que en aquel lugar, durante el Imperio romano, existió un templo dedicado a Cástor y Pólux y que el cristianizarse la sociedad romana se convirtieron en los dos hermanos Justo y Pastor, una de las muchas maneras de adaptar el mundo pagano al mundo cristiano.

Las catacumbas barcelonesas

También dice la tradición que el primer lugar de reunión de los cristianos barceloneses eran unas catacumbas semejantes a las de Roma, en el subsuelo y que una serie de galerías subterráneas laberínticas llevaban hasta el otro lado de Montjuïc, donde había un pequeño núcleo de población. La tradición, siempre intentando santificar personas y lugares, dice que en esas catacumbas predicó san Pedro, el discípulo de Jesús, pero no hay pruebas de que Pedro viajara más hacia Occidente que Roma, donde se supone que murió.

Un ángel y un fraile

Uno de los arroyos que cruzaban Barcelona en la época de la primera muralla, nacido de la Riera de Vallcarca, seguía un curso señalado hoy por la avenida Portal de l'Àngel, las calles Cucurulla y del Pi y la de Cardenal Casañas hasta llegar a la Rambla. Alrededor de este curso de agua se fueron construyendo casas, primero fuera de las murallas, pero a partir del siglo XIII con la construcción de la segunda muralla quedaron dentro de la ciudad. La puerta que daba acceso al interior se abrió donde está la plaza dedicada a Carles Pi i Sunyer que entonces se llamó de Santa Ana y posteriormente cambió su nombre por el de Portal de l'Àngel. La historia de ese nombre se basa en una leyenda, como tantas otras, relacionadas con Vicente Ferrer, el santo patrón de Valencia. Se dice que Vicente Ferrer tuvo una visión un día que iba a acceder a la ciudad después de predicar en los alrededores sobre el fin del mundo y esas cosas. En su visión, un ángel con la espada en la mano estaba colocado sobre la puerta anunciando que Dios le enviaba para proteger la ciudad. En honor a tan sublime ayuda, el Consell de Cent decidió construir una pequeña capilla dedicada al ángel y de ahí que la puerta recibiera ese nombre a partir de entonces.

Un negociador en el Compromiso de Caspe

Vicente Ferrer, con fama de milagrero, estaba estudiando en Barcelona en fecha incierta, entre los años 1368 y 1375, pues por entonces también estuvo en Lérida y Toulouse. Fraile dominico, Ferrer tuvo un papel importantísimo en la negociación dinástica conocida como Compromiso de Caspe, en 1412, por la que salió elegido como rey de Aragón un Trastámara castellano, Fernando de Antequera. Vicente Ferrer y su hermano Bonifacio, compromisarios por Valencia, votaron a su favor y en contra de los aspirantes aragoneses, valencianos y catalanes.

Contra la ocupación

La casa número 35 de la calle Ample, que en su primitiva numeración estaba junto al pequeño callejón llamado del Tonell y hoy es el número 39, albergó durante los años 1808 y 1809 a un grupo de conspiradores de los que debían alzarse contra la ocupación francesa. La casa, en su planta baja, tenía un túnel que comunicaba con la taberna existente muy cerca, con entradas en el callejón, que entonces de llamaba Bocoi, y en la calle Gignàs. El túnel iba a parar a una gran bota de vino, vacía, que hubiera servido de refugio a los conspiradores, de ser descubiertos por los franceses. No llegó a suceder, pero el alzamiento fue un rotundo fracaso y de resultas de él fueron ajusticiados los cabecillas recordados en el monumento de Llimona que se puede ver en la plaza de Garriga i Bachs: Salvador Aulet, Joan Massana, Joaquim Pou, Joan Gallifa y Josep Navarro.

La calle Ample sirvió como refugio a un grupo de conspiradores contra la ocupación francesa durante los años 1808 y 1809.

Sant Cugat del Rec

La plaza que lleva hoy el nombre de Sant Cugat fue hasta 1936 la iglesia de Sant Cugat del Rec, construida en el año 1023 por Gislabert que llegó a ser obispo de Barcelona. Como tantas otras iglesias barcelonesas fue quemada en 1909 en el curso de la Semana Trágica y se la acabó de destruir en los primeros días de la Guerra civil. El lugar elegido para construir aquella iglesia es don-

Degollación de Sant Cugat.

de una de las leyendas en torno Sant Cugat (San Cucufate en castellano) sitúa la hoguera donde el famoso gobernador Daciano intentó quemarlo por primera vez. Sant Cugat no solo no ardió en la hoguera sino que huyó de la ciudad, pero fue apresado de nuevo y llevado al campamento llamado Castrum Octavianum (donde está hoy la villa de Sant Cugat del Vallés) y ejecutado allí. La tradición dice que fue quemado, pero el martirologio cristiano[13] en su última edición, afirma que fue muerto a espada.

La calle dedicada a Massanet

Una calle barcelonesa que refleja perfectamente las contradicciones en lo que a nomenclatura se refiere, es la de Massanet, situada entre la plaza de Santa Caterina y la calle del Pare Gallifa. No es que en ella tuviera lugar ningún hecho histórico, sino que se le dio en 1865 el nombre de Josep Massanet, uno de los dirigentes revolucionarios de la primera bullanga, la del año 1835, en la que participó activamente. Corrió la leyenda de que se le condenó a muerte y al ejecutar la sentencia por fusilamiento salió ileso y huyó disfrazado de fraile. Lo cierto[14] es que fue detenido y liberado poco después, para ser detenido en numerosas ocasiones, una de ellas en 1840, por participar en la rebelión contra Espartero conocida como la Jamancia. Volvió a las armas en 1843, en cuanto le liberaron, y desapareció poco antes de la rendición final de la ciudad. La Restauración borbónica de 1874 acabó con la dedicación a Massanet de la calle y se optó por cambiarla por Maçanet, la localidad de Maçanet de Cabrenys, y en 1907 volvió a llamarse Massanet, pero sin Josep.

Exorcistas y fabricantes de espejos

La calle de Mirallers, fabricantes de espejos, era durante la baja Edad Media una de las más importantes del barrio de los artesanos que era entonces el que rodeaba al Born. Hoy en día se ve solo una estrecha y corta vía que va desde el lateral de Santa

13. Martirologio romano, II Edicion. Congregación para el Culto Divino y la Disciplina de los Sacramentos.

14. Dicionari Biogràfic del Moviment Obrer als països catalans, Maria Teresa Martínez de Sas.

Maria del Mar hasta la calle Vigatans. Su número 7 es una vieja construcción de cuatro plantas que tiene una historia curiosa. En su piso superior existió un oratorio instalado en la habitación

más espaciosa de la casa que había sido ampliada derribando un tabique. En ella, mosén Cinto Verdaguer y el Padre Piñol, discípulo y seguidor de Francisco Palau, realizaban exorcismos, una actividad que aunque vista con recelo por la jerarquía eclesiástica, todavía era frecuente en

Calle de Mirallers, dedicada a los fabricantes de espejos.

los años cincuenta del siglo XIX. Los tres sacerdotes implicados en los exorcismos de la calle Mirallers, Verdaguer, Piñol y el joven Juan Güell, fueron amonestados por la Iglesia y sancionados en mayor o menor medida.

El asno y el gitano

Una pequeña calle a continuación de la de Esparteria, lleva el nombre de calle dels Ases, en recuerdo probablemente de un mercado de asnos que hubo en ella aunque también podría ser la parte trasera de un hostal donde se guardaban los asnos y monturas de los huéspedes que pernoctaban en él los días de mercado. Victor Balaguer, en su libro sobre la nomenclatura de las calles de Barcelona, afirma que llevó anteriormente el nombre de Estanyers, o artesanos del estaño. En algún momento de finales del siglo XV, cuando todavía no se había producido la persecución de los gitanos por parte de los Reyes Católicos, se cuenta que las autoridades detuvieron a uno de éstos acusado de robar un asno. El dueño del animal lo reconoció sin duda, pero el gitano alegó que él lo había comprado a otra persona de la que no pudo dar referencia. No le creyeron y además de devolver el asno fue condenado al estilo de la época, apaleado y encerrado a pan y agua en una jaula para sufrir el escarnio de los ciudadanos. Ya liberado, el gitano echó una maldición a la calle y a partir de aquel momento todos los asnos que entraban en ella enfermaban y morían.

El rey y la joya

En el número 65 de la calle Argenteria (cuando se llamaba Platería) estuvo la sala Zeleste, centro musical de la progresía barcelonesa de los años setenta y lugar de nacimiento de la mítica orquesta Platería. Esa calle era en la Edad Media la vía que, saliendo de la ciudad por el Portal Major, llevaba directamente a la playa, al barrio que posteriormente sería el de La Ribera, pero adoptó ese nombre porque en ella, ya en el siglo X se empezaron a establecer los artesanos de la plata, muchos de ellos judíos. Se cuenta que en una de las visitas del rey Jaume el Conqueridor a la ciudad, se acercó rodeado de sus caballeros a la tienda de uno de estos joyeros con la intención de comprar una joya y que tras la visita, el joyero observó que había desaparecido una de sus piezas más caras. Ante la gravedad del hecho, el rey reunió al Consejo y optó por colocar una olla de barro mediada de arena en la joyería, completamente a oscuras, para dejar en el anonimato al ladrón y mandó a los caballeros que le acompañaban que metieran la mano y el que hubiera sustraído la joya, la dejara en ella. Así se hizo, la joya apareció y nunca se supo quién había sido el ladrón.

La hija del joyero que eclipsó a la reina

Otra vieja leyenda también referida a un riquísimo joyero, afirma que tenía éste una hermosísima hija. Con ocasión de la visita del rey, tal vez la misma, se ofreció una gran recepción a la nobleza de la ciudad a la que fue invitado aquel platero. Se presentó el platero con su hija, tan sumamente bella y enjoyada, que eclipsó con su presencia a la reina, Violante de Hungría, hasta el punto que ésta llamó la atención de la joven quejándose de su belleza y sus adornos. Dicen los recuerdos populares que se llevó tal disgusto la moza que enfermó de tristeza y murió al poco tiempo. Pero… solo se trata de una leyenda.

La reina Amalia y el garrote vil

La actual calle de la Reina Amalia fue durante años uno de los lugares más siniestros de Barcelona. En el espacio que hoy ocupa la plaza de Folch i Torres estuvo situada la prisión vieja de Barcelona, anterior a la cárcel Modelo, y en su tapia exterior, en la calle Reina Amalia, en el que llamaban patio de Cordelers, se producían las ejecuciones, a garrote vil, de los condenados a muerte. Allí, el día 21 de noviembre de 1894 fue ejecutado Santiago Salvador, el anarquista autor del atentado del Liceo un año antes, el 7 de noviembre, que causó 22 muertos entre la alta burguesía barcelonesa. Salvador fue ejecutado por Nicomedes Méndez que además de verdugo oficial era el perfeccionador del instrumento llamado garrote vil. Méndez había

En la calle Reina Amalia se hacían las ejecuciones, a garrote vil, de los condenados a muerte.

introducido en el artefacto un punzón que perforaba el bulbo raquídeo en lugar de estrangular lentamente al reo, lo que, a decir de sus entusiastas, era menos cruel para el condenado, sin embargo, el punzón rara vez acertaba donde debía y el resultado era mucho más lento y doloroso para el reo. Desde luego, ni Santiago Salvador ni ninguno de los ejecutados puede compar.

El Plà de l'Àngel

En plena Guerra Civil, el día 5 de mayo de 1937, agentes de policía y del PSUC detuvieron en el número 2 del Plà de l'Àngel a los anarquistas italianos Camilo Berneri y Francesco Barbieri que posteriormente aparecerían muertos cerca de la Generalitat. Esa plaza, que anteriormente llevó el nombre de Plaza del Blat, fue durante la Edad Media el lugar de reunión del somatén, instituido en 1068, al que el Veguer de la ciudad convocaba mediante un bando que iba leyendo de plaza en plaza por toda la ciudad gritando al terminar la lectura: «¡Vía fora!» Todos los hombres útiles debían presentarse entonces, armados de la mejor manera posible, en el Plà de l'Àngel y allí se les distribuía armas a quienes no las tuviera y se organizaban en compañías. Al tiempo que el Veguer leía la llamada las campanas tocaban a rebato, se encendían hogueras por todas partes, los gremios sacaban a la calle sus banderas y estandartes y se izaba el estandarte de Santa Eulalia. A partir de la derrota en la Guerra de Sucesión (1714), el somatén fue perdiendo utilidad hasta llegar a convertirse en una suerte de grupo parapolicial de la derecha reaccionaria y fue disuelto oficialmente en 1978.

Regomir y el Temple

En la parroquia de Sant Genís dels Agudells, situada en la calle de Saldes, funciona una organización, integrada en el Gran Priorato de España, que reclama la representación de la Orden del Temple, extinguida en 1313 por orden del papa Clemente V. En 2009, la Encomienda Templaria de Barcelona publicó un blog en Internet (temple-barcelona.blogspot.com.es/) donde expone la ideología y la historia de esta especie de renacimiento de los caballeros templarios. Los caballeros templarios, los auténticos, se instalaron en Barcelona en 1134 en algún lugar cerca del castillo de Regomir, que debió ser la calle de Santa Llúcia. Algunos

Puerta templaria al final de la calle de Timó.

historiadores afirman que el rey Jaume autorizo abrir una nueva puerta en la muralla para dar entrada a las posesiones de la Orden y dicha puerta se conserva en la calle de Timó. El terreno donde construyeron su casa los monjes guerreros consta que les fue cedido en 1133 por un ciudadano llamado Ramon Bernat de Maçanet, pero de la sede propiamente dicha de la Orden no hay constancia hasta 1225 y permaneció allí hasta la liquidación de los templarios en 1312. Al contrario de lo sucedido en Francia, los caballeros templarios no fueron acosados ni asesinados en Barcelona, sino que, tras la disolución de la orden, la mayoría de sus miembros se incorporaron a otras órdenes de caballería semejantes, como la de San Juan o la de Calatrava.

Estatua ecuestre de Ramon Berenguer III.

Catalunya acoge a los templarios

No es casual que Barcelona acogiera con generosidad a la Orden del Temple pues Ramon Berenguer III, conde de Barcelona y señor de Provenza, había solicitado unos años ante, en 1131, el ingreso en la Orden, con lo que Ramon Berenguer IV, su hijo, contó con el apoyo de los poderosos templarios para asumir la herencia de su padre. A partir de ese momento la influencia de la Orden de Temple en Catalunya y en el Reino de Aragón fue inmensa, participando en las conquistas de Tortosa, Lleida y Miravet y recibiendo a cambio castillos y tierras en Ascó, Horta, Ribarroja, Gardeny, Corbins y muchos otros lugares. De los templarios catalanes salieron tres de los Maestres más importantes de la historia del Temple, Arnau de Torroja, Gilbert d'Erill y Pere de Montagu.

Convertir a los judíos del Call

De un modo silencioso y sin grandes aspavientos, el Ayuntamiento de Barcelona ha terminado por reconocer que los restos hallados en la calle de Marlet, en el Call o barrio judío, corresponden a la Sinagoga Mayor, la primera de España y probablemente de Europa, desaparecida a raíz del asalto al barrio en 1391. Muchos años antes de aquellos sucesos, en 1219, se habían instalado en la ciudad los frailes dominicos, la orden fundada por san Domingo de Guzmán. Los primeros frailes de esa orden de predicadores alquilaron una casa con la intención de desarrollar su labor de conversión entre los judíos y una placa colocada en 1944 recuerda esa primera casa que ocupó la orden en la calle de Sant Domènec del Call, que en aquellos tiempos se conocía precisamente como calle de la Sinagoga Mayor. Cuando el convento les quedó pequeño hubieron de trasladarse y lo hicieron al lugar que hoy ocupa el mercado de Santa Caterina donde erigieron un edificio de nueva planta entre 1243 y 1275, en unos terrenos que, en aquellos tiempos, quedaban fuera de las murallas. En el lugar hubo anteriormente una pequeña capilla dedicada a santa Catalina por lo que los frailes dieron ese nombre a su convento que heredó después el mercado. En 1835 el convento de frailes dominicos, fue destruido en una de las muchas revoluciones populares barcelonesas, casi siempre dirigidas contra el clero.

Primera fuente pública

Desde 1985 funciona en Mollet del Vallès la escuela de policía de Catalunya, cuyo nombre oficial es hoy Institut de Seguretat Pública de Catalunya y que se encarga de la formación de los Mossos d'Esquadra. La sede de este cuerpo policial estuvo desde el siglo XVIII en la calle que hoy se llama de Sant Honorat, conocida hasta 1865 como calle de Los Mossos. Fue en esa calle donde se instaló la primera fuente pública de la ciudad, en el año 1356 a iniciativa de Jaume Fivaller que había descubierto el manantial del que se podía nutrir en la montaña de Collserola. El nombre de Sant Honorat le fue adjudicado porque sobre la fuente se construyó una pequeña capilla dedicada a ese santo, obispo de Arlés, que vivió entre 350 y 429.

La Plaça Nova y el mercado de muebles

Es sabido que la Plaça Nova, a la derecha de la Catedral, fue desde su apertura en 1358 el lugar elegido para el mercado de esclavos, pero también era el lugar donde se comerciaba con muebles usados, de donde viene, probablemente, el mercadillo de antigüedades que se instala aún hoy en día. Alrededor de la plaza se abrieron también talleres y tiendas para los restauradores y vendedores de muebles, como se puede ver en la adyacente calle de la Palla, e incluso alguna posada para los compradores y vendedores que venían de lejos. Los muebles que se vendían procedían por lo general de herencias o de embargos por deudas y la venta solía ser por subasta. El transporte y acarreo de muebles lo hacía la Cofradía de bastaixos o descargadores de muelle.

El burdel más antiguo

En 2011, Jordi Sierra i Fabra publicó una novela de género negro *El caso del loro que hablaba demasiado* y con buen criterio situó a uno de sus personajes, Ernesto Subieta, en la calle del Vidre, junto a la plaza Real. La calle del Vidre ha llevado en su historia otros nombres, como Forn del Vidre, Quintana y Viladalls y ese nombre, el de Viladalls, de origen desconocido pero probablemente apellido de alguna familia destacada, se hizo famoso durante muchos años entre los siglos XIV y XV. En esa calle se instaló uno de los primeros burdeles de la ciudad, si no el primero, como demuestran diversos documentos de la época, uno de ellos, de 1340, en el que se prohíbe a las profesionales del sexo llevar manto mientras trabajan para diferenciarlas claramente de las mujeres decentes y en 1371 una orden del rey Pere III, ordena que las prostitutas que ejercen en la calle se retiren a ese burdel y al otro que funcionaba entonces junto a la muralla de la Rambla, en el lugar ya desaparecido llamado Volta d'En Torre entre las calles del Carme y de Tallers.

El burdel de la viuda del capitán

Fue famoso un burdel que ocupó un edificio en el cruce de las calles Carassa y Vigatans y que se anunciaba con una cara de mujer, en piedra, sobre la esquina, de ahí el nombre de la calle Carassa. Las normas de la ciudad imponían a los burdeles una efigie para identificarlos y que los bajos de la casa estuvieran pintados de rojo vivo. El burdel lo fundó una madre, viuda de un capitán de barco, con sus siete hijas; la leyenda afirma que un náufrago maldijo al capitán por no recogerle en el mar y esa fue la causa de que su mujer y sus hijas acabaran de aquella manera, pero parece más creíble el hecho de que el capitán desapareciera en el mar y su familia no tuviera otro modo de sobrevivir.

Las normas de la ciudad imponían a los burdeles una efigie para identificarlos.

Inquisición en la calle Dels Comtes

En marzo de 2012 el Vaticano, siempre atento al progreso y a las nuevas tecnologías, lanzó una página web (www.doctrinafidei. va/) para dar a conocer al antiguo Tribunal de la Inquisición, llamado ahora Congregación para la Doctrina de la Fe. Barcelona tuvo desde 1542 hasta 1822 la sede de la Inquisición en el antiguo convento de Santa Clara, que estuvo ubicado en la calle Dels Comtes, frente a la fachada lateral de la Catedral. Su escudo puede verse todavía sobre la puerta existente en la plaza de Sant Iu. Según todos los historiadores[15], el Tribunal del Santo Oficio en Barcelona pasó más tiempo pleiteando contra el Consell de Cent que vigilando el cumplimiento estricto de la fe, pues la ciudad no permitía que la Inquisición interfiriera en su autogobierno. Las relaciones entre la Inquisición y las autoridades civiles catalanas fueron tan malas que incluso el

Escudo de la Inquisición que todavía se puede ver en la Plaza Sant Iu.

15. J. Bada; Elliot; J. Sanabre.

Inquisidor de Catalunya, Bartolomé Sanz Muñoz fue expulsado de la ciudad y del Principado el 8 de enero de 1696 por orden del rey Carlos II. Sanz Muñoz se había atrevido a excomulgar algunas fiestas populares y a algunos funcionarios. En cuanto a los autos de fe (la quema en la hoguera) se produjeron algunas en el siglo XVI pero fueron extremadamente raras a partir de ahí pues provocaban continuos enfrentamientos con las autoridades y llegaron a eliminarse del espacio público. Entre 1770 y 1808 solo se dieron tres procesos inquisitoriales en Barcelona.

El inquisidor enfadado

Miquel Coll i Alentorn en su libro sobre la *Història de Catalunya*[16], da cuenta de diversos roces entre la autoridad eclesiástica, especialmente la Inquisición, y los Consellers de la ciudad. Uno de estos enfrentamientos tuvo lugar el 8 de septiembre de 1552 cuando el Inquisidor, Diego Sarmiento, obispo de Astorga, pretendía ocupar un sitial junto al altar de la capilla de la Llotja reservado al rey o a su representante. Se retiró el sitial pero a la salida del oficio, el Inquisidor intentó que los Consellers le acompañaran, cosa que solo debían hacer en la persona del rey o de su representante. Enfurecido el Inquisidor hizo detener al día siguiente al ciudadano Francesc Grau que había tomado parte en el desaire.

La Inquisición persigue la sodomía y la fornicación

La Inquisición, no solo en Barcelona dese luego, perseguía todo tipo de conductas que eran consideradas contrarias a la fe católica romana, algunas tan variopintas como la sodomía, la fornicación (en general), la oposición al Tribunal, las palabras malsonantes o el islamismo. A partir de 1521, tras la Dieta de Worms[17], el Protestantismo se percibió como un peligro y la Inquisición se dedicó a su persecución. El hecho de la cercanía de la frontera francesa en Barcelona hizo que muchos de los encausados por la Inquisición fueran comerciantes franceses y también soldados, tanto franceses como españoles.

16. Volumen 2. Ediciones de la Abadía de Montserrat.

17. Ante la Dieta, la asamblea de la nobleza del Sacro Imperio Romano Germánico, Martin Lutero se reafirmó en sus tesis protestantes y rechazó a la Iglesia de Roma.

El Rec Comtal, vía de agua

A finales de 2006 fue derribado el antiguo edificio que la empresa Inoxcrom, fabricante de bolígrafos y plumas estilográficas, tenía en la calle Costa Rica en el barrio de La Sagrera, pero al remover los cimientos del edificio se descubrió un falso suelo que ocultaba una parte del canal de riego conocido como Rec Comtal, que suministraba agua a Barcelona y a otras poblaciones desde la época romana. Hoy en día la calle Rec Comtal que va desde Davant del Portal Nou hasta Bassas de Sant Pere, es la única que se sabe con certeza que está trazada sobre el cauce del antiguo canal. Después de siglos de abandono tras la quiebra del Imperio romano, el conde Miró I lo hizo reconstruir en el siglo XI y su trazado fue cubierto y urbanizado entre 1796 y 1801 en la zona del Born donde se habían acumulado las industrias necesitadas de agua como curtidores y tintoreros. Solo hubo un periodo en el que el Rec Comtal estuvo fuera de servicio y sucedió entre 1463 y 1472, durante la llamada "guerra civil catalana". Las tropas del rey Juan II que sitiaron la ciudad, causaron enormes desperfectos al sistema de riego y de abastecimiento de agua.

El hospedaje de los embajadores

Donde hoy se abre la calle de Anselm Clavé, en el espacio entre la Rambla y la plaza del Duque de Medinaceli, estuvo desde mediados del siglo XIII hasta 1837 el convento de la orden franciscana conocido como Framenor. En aquel convento, en el mes de mayo de 1525 se hospedaron dos ilustres personajes, embajadores de la República de Venecia, de paso hacia Toledo donde debían entrevistarse con el emperador Carlos V. El día 5 de ese mes de mayo los dos visitantes recibieron en el convento la visita de los Consellers de la ciudad, presididos por Galcerán Fivaller, tal y como establecía el protocolo para los ilustres visitantes extranjeros. Uno de los embajadores no era otro que Andrea Navagero, humanista e historiador, encargado por la

República Serenísima de negociar la alianza entre Venecia y el Emperador en su guerra contra Francia. Navagero escribió un relato de su viaje por España publicado en Venecia en 1563 treinta años después de su muerte.

Lugar de reunión y celebración

En la Rambla que hoy llamamos de Canaletas, se abría hasta el derribo de las murallas la puerta de Sant Sever y fue por donde el día 7 de junio de 1640, entraron en son de guerra los segadores, llegados desde Sant Andreu del Palomar, iniciando su revuelta, conocida como el Corpus de Sang. Tal vez por aquel primer acontecimiento, Canaletas es y ha sido punto de reunión para celebraciones pero también lugar de estallido de algaradas y revueltas populares. Ese tramo de la Rambla fue urbanizado por primera vez en 1440 y habilitado como lugar de paseo de los barceloneses fuera de las murallas y como escaparate de ferias, la de uvas tras la vendimia en otoño y en especial la anual de cerdos, que se celebraba el día Santo Tomás, 21 de diciembre. Un decreto de la Generalitat, de 1391, prohibió la circulación de

Rambla de Canaletes, lugar de paseo de los barceloneses.

cerdos por el interior de la ciudad y después de desviar el curso de agua que entonces era la Rambla, se urbanizó la parte destinada a paseo público.

La lucha de los Casas

En el cruce del paseo de Santa Eulàlia con la calle del Desert se encuentra una institución benéfica llamada Fundació Institut del Desert de Sarrià. El edificio que la alberga está construido en el solar que ocupó el primer convento de los frailes capuchinos construido en España, en 1578, y derribado en 1835. Entre 1676 y 1677 ejerció como padre guardián fray Mauricio de Mataró y a él se refiere Ferran de Sagarra en su obra *Sant Vicenç de Sarrià*[18] como fuente de información de un hecho violento sucedido en aquellos años y en aquel lugar. Relataba el padre Mauricio la historia del novicio Bernat Casas que ingresó en el convento a pesar de la oposición de sus padres. Después de intentar convencerle de mil modos para que dejara el hábito, inútilmente, el padre de Bernat organizó el secuestro de su hijo con tan mala fortuna que el equipo de tres hombres contratado se equivocó de novicio y raptó a quien no era, con el subsiguiente escándalo. Tozudos padre e hijo en sus ideas, el padre organizó otro auténtico asalto al convento con una treintena de hombres armados que protagonizaron una gran trifulca en el convento sin que por suerte hubiera víctimas, pero el joven Bernat escapó y no fue encontrado hasta varios días después en un sótano del convento donde continuó su vida monástica.

Don Miguel de Cervantes y el taller del impresor

La calle Cardenal Casañas, fachada lateral de la iglesia del Pi, tuvo al parecer durante la segunda mitad del siglo XV el taller de un impresor llamado Pedro Malo, aragonés, cuyo nombre figura en multitud de libros y documentos de la época. El taller debió estar junto a la entrada de la rectoría de la citada iglesia, que aún se conserva, no lejos de la actual librería Documenta y, según algunas crónicas, fue visitado por don Miguel de Cervantes Saavedra, a su paso por Barcelona, y reflejado después en El

---

18. Publicada en 1921.

Quijote con don Alonso Quixano como protagonista. No es histórico ni comprobado el detalle, pero sí es cierto que Pedro Malo era un especialista en libros de caballería y eso es un argumento a favor de la visita de Cervantes.

El hogar de Ramon Llull

En mayo de 2008, el Ayuntamiento de Barcelona aprobó el nombre de plaza de la Rosa dels Vents para un espacio abierto al final de la playa de San Sebastián y el paseo de Joan de Borbón. Como es sabido, la rosa de los vientos es un instrumento de orientación y navegación con los puntos cardinales y los vientos predominantes, pero no es tan conocido que su inventor, con toda probabilidad, fue Ramon Llull, filósofo, poeta, teólogo y beato de la iglesia católica. La casa ancestral de los Llull estuvo en el desaparecido barrio de La Ribera, tras la guerra de Sucesión. La mansión estaba en la propiedad conocida como Pla d'en Llull y fue arrasada al igual que un millar de casas, edificios civiles e iglesias para construir la ciudadela. Precisamente en el Pla d'en Llull tuvo lugar uno de los últimos enfrentamientos de los defensores de la ciudad, en septiembre de 1714, comandados por Antoni de Villarroel, contra las tropas del Conde de Berwick. Las desaparecidas calles de Bonaire, de Born y del Joc de Pilota, muy comerciales, fueron escenario de una lucha casa por casa.

Los Llull, una família barcelonesa de mucho prestigio

El origen de los Llull parece estar en alguno de los nobles francos que acompañaban a Carlomagno cuando éste llegó a Barcelona en 792. Lo cierto es que los Llull eran ya una familia barcelonesa de gran prestigio en el siglo XIII cuando Jaume I El Conquistador emprendió su conquista de Mallorca. Entre las fuerzas del rey Jaume figuraba un noble llamado Ramon Llull; su hijo, del mismo nombre y futuro filósofo mundialmente respetado, nació ya en Mallorca cuando la isla había sido conquistada y anexionada el Reino de Aragón.

Más allá del Ateneu

El Ateneo Barcelonés ocupa desde mayo de 1906 el edificio Savassona situado en la calle Canuda junto a la Plaza Villa de Madrid, conocido como Palacio Savassona que fue vendido al Ateneo por su entonces propietario Julio María de Parellada. El palacio había sido construido en 1779 por Antoni de Ferrer de Llupià i Vila-Savassona, barón de Savassona, cuyo título fue reconocido por el rey Carlos IV recuperando el que la familia Savassona había ostentado desde antiguo. La revista *Hidalguía* en su número 304–3004 del año 200419 reproduce el texto de la "Confirmación del título de Barón de Savassona" a Antoni de Ferrer de Llupià i Vila-Savassona en agradecimiento por la implicación de su abuelo y su padre en apoyo de la monarquía borbónica: «Los dilatados servicios que vuestro abuelo y padre y demás ascendientes han hecho a la Corona con peligro de sus personas y con abandono y menoscabo de sus haciendas por la fidelidad y el amor con que se sacrificaron al servicio de su soberano y particularmente en el de mi glorioso padre Don Felipe Quinto por lo que fueron perseguidos y ultrajados…».

Nyerros, bandoleros al servicio de los señores

Los Vila–Savassona de Vic eran una de las familias con más poder en la región y formaban parte de una de las bandas que luchaban, a veces violentamente, unas contra otras por el control del territorio, los castillos y las tierras. Los Vila–Savassona eran protectores y beneficiarios del grupo conocido como los nyerros, bandoleros no siempre delincuentes comunes sino una suerte de "pistoleros" al servicio de uno u otro señor. Sin ir más lejos, la banda de Serrallonga estaba al servicio de los Vila–Savassona[19].

Joan de Serrallonga, bandolero catalán, un conocido personaje de leyenda.

---

19. *Faida y bandolerismo en la Catalunya de los siglos xvi y xvii.* Xavier Torres Sans, Universitat de Girona.

Una de brujas

La placeta que hoy en día lleva el nombre de Manuel Ribé, junto a la calle de Sant Ramon del Call, no coincide exactamente con otra placeta que existió más o menos en el mismo lugar, pero no debió estar muy lejos. Esa placeta, que llevó también el nombre de Sant Ramon del Call, fue escenario durante XV y XVI de las únicas reuniones de brujas conocidas en Barcelona. No se les calificaba de "aquelarres" como los que tenían lugar en las montañas de Navarra, pues el fenómeno de la brujería era menos virulento en Barcelona que, por ejemplo, en las zonas rurales de los alrededores. Las brujas barcelonesas se reunían en la placeta los sábados por la noche y bailaban en círculo, lo que algunas veces se ha calificado como el origen de la sardana. Según cronistas de la época, en alguna de aquellas reuniones hacía su aparición el demonio en forma de un jorobado y tras unas horas de diversión, las mujeres «li feien acatament besant-li les vergonyes[20]».

El brujo de la calle Estruc

Entre las calles Comtal y Fontanella circula la calle Estruc, una corta vía de larga tradición barcelonesa. El nombre, según el nomenclátor municipal, proviene de antiguo como Astruc, muy corriente en la Edad Media, y que según la Jewish Encyclopedia es de origen judío y que en provenzal se utilizaba malastruc o benastruc para definir una mala o buena persona. Una placa recuerda que en el siglo XV vivió en el número 22 de la calle, aunque no en la casa que hoy en día ocupa el solar, el astrólogo y mago Astruc Sacanera, de gran prestigio. De él se dice que vendía pócimas curativas muy efi-

Placa que recuerda que en la calle Estruc vivió el astrólogo y mago Astruc Sacanera.

20. Cels Gomis, *La bruixa catalana, aplec de casos de bruixeria i supersticions recollits a Catalunya*.

caces, entre ellas la "pedra escursonera", una piedra contra los venenos y las picaduras de insectos. Cita la misma enciclopedia un documento datado en Barcelona en 1287 en el que se habla de un tal Judah ben Astruc[21] y el nomenclátor afirma que en ese lugar hay constancia de la construcción de una casa en 1358 para el propietario de los terrenos, Astruc Ça Carrera, lo que podría indicar la causa de que la calle recibiera ese nombre.

La represión de las brujas catalanas

Al parecer, la persecución de la brujería por parte de la Inquisición en Barcelona no tuvo el carácter violento y cruel que en otros lugares tanto católicos como protestantes. Las condenas a muerte no eran frecuentes en la ciudad, aunque sí en el campo y en alejados rincones de la Catalunya rural. Por lo general era la autoridad civil la que tomaba en sus manos la represión, no la Inquisición, y las condenadas a muerte (casi siempre mujeres) eran ahorcadas y no quemadas vivas. En Barcelona, muy escéptica con las apariciones del demonio y la brujería, se las condenaba a trabajos sociales y a hacer peregrinaciones, más para evitar desórdenes sociales que por cuestiones religiosas. Un ejemplo de esas actitud poco crédula es la de Pere Gil, inquisidor, geógrafo e historiador que las defendía en los juicios mostrando la ignorancia de las acusadas y la ausencia de poderes malignos.

El milagro del pozo

No es infrecuente ver todavía en la ciudad camiones cuba enfrascados en la tarea de desatascar cañerías y limpiando viejos pozos usados como sumidero, pero todavía en 2008 el Ayuntamiento de Barcelona estudiaba poner en funcionamiento antiguos pozos para el suministro de agua potable. Uno de estos pozos, cegado, se encuentra en el cruce las calles de Carders y Fonollar y estuvo en funcionamiento desde tiempo inmemorial hasta mediados del siglo XIX. En la Barcelona medieval, durante el mes de agosto, aprovechando el mes más seco del año y por

---

21 http://www.jewishencyclopedia.com/articles/2053-astruc

tanto el nivel más bajo de las aguas, los vecinos o propietarios de los pozos procedían al limpiado de los fondos y recurrían para ello a profesionales conocidos como *pouataires*. Fue un equipo de estos limpiadores los que encontraron a mediados del siglo XIV en el fondo de ese pozo, entre lodos y restos diversos, una imagen de la virgen. La imagen fue bautizada como la Mare de Déu de les Aigües o la Mare de Déu del Miracle y tomada desde entonces como patrona de los *pouataires*.

Abaixadors

El número 12 de la Via Laietana lo ocupa una bella construcción de principios del siglo XX, la Casa Colldeforns, proyectada por Puig Gairalt y al otro lado de la Via, los números 11 y 9, corresponden a otro edificio del mismo estilo noucentista, la casa proyectada por Josep Goday que alberga el Grupo Escolar Baixeras. Ambos edificios y la Via Layetana, cortan la calle Abaixadors que, desde la plaza de Santa Maria del Mar llegaba hasta la plaza de Traginers. Esa calle llevaba el nombre de Forn d'en Dufort hasta el siglo XV, el negocio de una familia destacada de la ciudad que había instalado el horno en esa calle y que había hecho fortuna tras comprar a un

La calle Abaixadors tenía el nombre de Forn d'en Dufort hasta bien entrado el siglo XV, el negocio de una familia destacada de la ciudad.

ciudadano judío Abraham Bonastruc, su participación en un rico manantial de agua situado en la calle de Banys Nous.

Un antecedente de la Cruz Roja en la calle Elisabets

En el número 12 de la calle Elisabets se encuentra la sede del CIDOB, el Centro de Documentación de Barcelona, un centro de estudios de fama internacional que ocupa una parte de lo que fue la Casa de Misericordia, la institución fundada por Diego Pérez Valdivia en 1583. Básicamente, la Casa de Misericordia se ocupó desde su fundación del cuidado de niñas y mujeres abandonadas a las que daban asilo y formación para sacarlas de las calles, pero a raíz de la guerra de 1640, se asoció con la Orden del Espíritu Santo, de gran influencia en Francia, para ocuparse de los soldados mutilados y heridos en la larga guerra, no solo para paliar sus heridas, sino para intentar recuperarlos en la medida de lo posible, para la vida civil.

Las huellas de los judíos

Además del antiguo barrio del Call y de la montaña de Montjuïc, los judíos barceloneses tuvieron otro punto de referencia desde 1915, aunque hoy en día también ha desaparecido. Se trata de una torre alquilada en aquel año en la confluencia de las calles de Provença y Balmes, entonces un lugar aislado, donde recibieron autorización en 1918 para abrir una sinagoga y un centro comunal. El lugar fue saqueado y clausurado por las tropas franquistas en marzo de 1939 tras la ocupación de la ciudad al final de la Guerra civil. En cuanto a la montaña de Montjuïc, hay una duplicidad en cuanto al origen de su nombre. Existe un documento del geógrafo romano Pomponio Mela en el que la montaña es citada como *Iovis montem*, es decir Monte de Júpiter (*Iove* en latín) del que provendría el nombre de Montjuïc, pero la existencia de un cementerio judío del siglo XI, hace pensar que el nombre de la montaña puede provenir de Mons Juic o monte de los judíos.

1391. La profanación del Call

El cementerio judío, cuyos restos están en la zona conocida como Mirador del Poble Sec, fue asaltado y profanado a partir de los sucesos de 1391 en el Call, el barrio judío y desde entonces sus lapidas y piedras fueron saqueadas y repartidas por construcciones por toda la ciudad. Algunas han ido a parar al Archivo de la Corona de Aragón o al Museu d'Historia de Catalunya.

La plaza de la mala suerte

La plaza de toros de la Barceloneta, llamada El Torín, situada en el lugar que hoy ocupa la sede de Gas Natural, fue escenario de un nefasto suceso el día 6 de octubre de 1849. Ese día, un aeronauta francés que se hacía llamar Msr. Arban debía efectuar una ascensión acompañado de su esposa, Margarita Brach, "si el tiempo lo permite", como se decía siempre en los cosos taurinos. El lleno era impresionante tanto dentro como fuera de la plaza y a las cuatro de la tarde empezó a llenarse de gas el globo y una vez terminada la operación, Ms. Arban y su esposa entraron en la barquilla. La mala calidad del gas, demasiado pesado y el fortísimo viento hicieron que el globo no subiera lo suficiente y se fuera contra las gradas primero y tras salir de la plaza después de arrojar todo el peso posible de la barquilla, fue a caer en la calle. En vano intentó el aeronauta hacer entender a la multitud que no era posible el espectáculo en aquellas condiciones, pero todo fue inútil y ante las amenazas y la presión optó por bajar a su esposa de la barquilla y el globo, liberado del peso, se elevó rápidamente empujado con fuerza por el viento hacia el mar donde desapareció. A pesar de que un remolcador intentó encontrarle, todo fue inútil y diez días después se abandonó la búsqueda. La viuda sobrevivió un tiempo prácticamente de la caridad en los alrededores de la Boquería hasta que marchó de Barcelona a su Cervelló natal donde vivió de un pequeño terruno de su familia y de la ayuda de un sobrino.

El aeronauta, criado de Napoleón

Monsieur Arban, de quien no se ha conservado el nombre de pila, no era un aeronauta cualquiera. Según reseñas de la época, Arban había sido uno de los criados que acompañó a Napoleón Bonaparte en su exilio de la isla de Santa Helena. A la muerte del Emperador, Arban recibió en herencia algunos objetos valiosos que conservó durante toda su vida y se dedicó a las ascensiones en globo por toda Europa. En Barcelona se reunía con antiguos bonapartistas en la calle Hospital en un local llamado el Horno Francés, en el número 11 hoy ocupado por el Hotel Moderno.

Exhibición desafortunada

Otro suceso parecido, tuvo lugar el 1 de noviembre de 1888. Ese día debía haber otra exhibición aerostática con un intrépido piloto, el capitán Joan Budoy, experto en esas lides. Budoy pretendía ascender sin cesto, agarrado a los cordajes del globo y realizar algunos ejercicios en el aire. Por causas fortuitas, el artefacto dio un tirón inesperado arrastrando un gran poste de madera al que estaba sujeto. El poste golpeó en la cabeza a Budoy causándole una grave herida por la que tuvo que ser hospitalizado y luego el madero cayó sobre el público matando a un espectador e hiriendo a una docena.

Una plaza que desapareció

En 1946 desapareció definitivamente la plaza de toros de la Barceloneta, conocida como El Torín, la primera que se construyó en Barcelona. Desde dos años antes se la venía desguazando y permanecía cerrada desde 1923. Mientras se iban retirando los cascotes y materiales se fueron encontrando restos de capiteles y columnas románicas, reutilizadas en 1834 para la construcción de la plaza. Cuando se pudo catalogar lo descubierto resultó ser una escena de la matanza del cerdo en el siglo XV grabada en piedra. Los indicios apuntaban a que se trata de restos de alguna iglesia de las que fueron derribadas en el barrio de La Ribera tras la guerra de Sucesión, para construir la Ciudadela. El Torín ostentaba el triste recuerdo de haber sido el origen, el domingo 25 de julio de 1835, de la primera "bullanga" o rebelión ciudadana que acabó con la muerte de una docena frailes y el incendio de varios conventos e iglesias en la Rambla.

Bigorra y el recibimiento apoteósico

Todavía se puede ver en el número 1 de la calle del Pi un gran portón, ahora cerrado con una reja metálica, que fue hasta los años treinta del siglo pasado una empresa de alquiler de carruajes, Bigorra. El negocio del alquiler de carruajes se había disparado en Barcelona desde la caída de las murallas y vivió su época de esplendor a finales de ese siglo para ir decayendo poco a poco. Cuentan las crónicas barcelonesas que Bigorra tuvo un protagonismo importante en la visita a la ciudad del político Francisco Romero Robledo, ministro en el gobierno de Antonio Cánovas, en 1880. Miembro del Partido Conservador y con muy pocos seguidores en Catalunya, Romero Robledo alquiló en Bigorra un centenar de carruajes para recibirse a sí mismo de modo adecuado y con una condición, que los carruajes estuvieran llenos.

Igual que Abu Simbel

El Museo de Historia de la Ciutat, instalado en 1943, se encuentra en el edificio de la Plaza del Rey conocido como Casa Padellàs, cuyo subsuelo conserva los restos de parte de la ciudad romana. Sin embargo, la ubicación de la Casa Padellàs no es la original del palacete. El palacio, de estilo gótico, se construyó entre 1497 y 1515 en la calle Mercaders y fue desmontado piedra a piedra entre 1911 y 1913 cuando se abrió la parte superior de la Via Layetana, igual que el templo de Abu Simbel cuando se construyó la presa de Assuan. Fue a principios de los años treinta cuando se le reinstaló en su ubicación actual descubriendo, al tiempo que se hacían los cimientos, los restos romanos mencionados.

El Portal de la Pau

Cuando en 1848 se abrió una puerta en los restos de la muralla barcelonesa frente al mar, acababa de fracasar el alzamiento carlista y la paz era ya solo cuestión de tiempo,

Casa Padellàs, sede central del MUHBA.

por lo que las autoridades dieron el nombre de Portal de la Pau a la nueva entrada abierta entre los cuarteles que se agolpaban en el final de la Rambla. Paradójicamente, ese lugar fue el más sangriento entre los días 19 y 22 de julio de 1936, donde los militares rebeldes resistieron más tiempo después del fracaso del golpe de Estado en Barcelona. Los combates más duros de aquellos días se concentraron en el edificio de Capitanía, sede de la IV División, en el edificio del Gobierno Militar conocido entonces como Dependencias Militares y en el cuartel de Drassanes, una parte del cual es hoy la sede del Sector Naval de Catalunya, el último núcleo de resistencia de los rebeldes.

Una calle sin historia

El jueves 29 de septiembre de 2011, día aciago, el joven poeta valenciano Salvador Iborra fallecía a consecuencia de las puñaladas asestadas por un par de individuos que discutían con él a causa de una bicicleta. El luctuoso suceso tuvo lugar en la calle La Palma de Sant Just, una estrecha y corta vía peatonal que discurre entre la calle Cometa y la plaza de Sant Just, muy cerca de la plaza de Sant Jaume. Hasta el momento, esa calle, sin demasiada historia, solo podía ser recordada por una anécdota relacionada con José Antonio Brusi, descendiente de la famosa familia que dirigió el *Diario de Barcelona*. Un día de primavera del año 1926, Brusi caminaba por dicha calle cuando vio a unos obreros que, piqueta en mano, abrían una zanja y deshacían un pavimento de pequeñas piedras azules aparecido bajo la primera capa de tierra. Con un trozo del mosaico, corrió al Ayuntamiento donde consiguió que se paralizaran las obras e iniciar un trabajo de recuperación arqueológica de lo que resultó ser un magnífico mosaico romano.

Los Campos Elíseos

El gran espacio comprendido entre las calles de Aragón, Rosellón y Pau Claris y el Passeig de Gràcia, fue hasta 1873 un magnífico jardín conocido como Campos Elíseos, heredando el nombre de la gran avenida de París. De su belleza habló el viajero Francisco de Paula Madrazo, periodista e historiador que, aunque nacido en Barcelona, vivió, estudió y trabajó toda su vida en Madrid: "Posesión encantada donde el genio protector del placer ha agotado todos los dones de su profunda inventiva"[22]. El jardín, uno de los lugares de ocio de la burguesía barcelonesa contaba con un teatro, baile, sala de conciertos, café y diversas atracciones al estilo del Tívoli que fue posterior aunque acabó desbancando a los Campos Elíseos. La especulación terminó con el que fue uno de los más bellos jardines de Barcelona y también con su rival, el Tívoli.

La calle que no existió

Según el historiador Andreu Avelí Pi i Arimón[23], el 19 de enero de 1849 el Ayuntamiento de Barcelona decidió dar el nombre del rey Alfonso IV de Aragón a una calle de la ciudad en reconocimiento por ser el promotor de la primera Universidad de Barcelona. Según Victor Balaguer en su libro *Las calles de Barcelona*, dicha calle de Alfonso IV debía ir, o iba, dese Ferlandina a Peu de la Creu, pero las dos calles que comunican ambas vías, Lluna y Joaquín Costa, nunca han llevado el nombre de dicho rey. En el libro de Antonio Vallescá *Las calles desaparecidas de Barcelona*[24], constata que esa calle desapareció antes de ser nombrada sin que se sepa la razón, pero se insinúa que la razón fuera que alguien debió darse cuenta que no fue Alfonso IV quien impulsó la Universidad en Barcelona, sino Alfonso V el Magnánimo que, en 1450, unificó las diversas escuelas barcelonesas en el Estudio General de Barcelona. Pero un error sobre otro, como señala Victor Balaguer, el Ayuntamiento pretendió honrar a Alfonso V el Magnánimo, de Aragón, que era Alfonso IV en Catalunya. Es decir, que no hubo error aunque ninguna calle llegó a lucir el nombre.

22. *Barcelona, Divulgación Histórica.* Ed. Ayma

23. *Barcelona antigua y moderna.* Librería Politécnica de Tomas Gorchs. 1854.

24. *Monografías Históricas de Barcelona.* Librería Millá, 1945.

Aceite y madera

En el número 1 de la plaza dedicada al conde Ramon Berenguer, en el lado del mar, estuvo instalada durante la Guerra civil la Brigada Criminal de la policía, con una de las tristemente famosas "checas" en su sótano. En ese lugar, la apertura de la Via Laietana, la reforma más importante que se ha hecho en el casco antiguo, eliminó entre otras muchas calles y plazas, la plaza de l'Oli, que era, obviamente, donde se concentraban los vendedores de aceite desde principios del siglo XII o tal vez antes. La plaza era una curva del torrente de Merdansar, uno de los muchos cursos de agua que atravesaban Barcelona y sus alrededores y que años después fue cubierto y convertido en una cloaca. Su situación era ni más ni menos que donde hoy está la calzada de la Via Laietana frente a la plaza de Ramon Berenguer. Las transacciones de aceite se efectuaban a cubierto de unos porches de madera que, en 1652, fueron desmontados con la finalidad de hacer carbón para los hornos de la recién instalada casa de moneda.

Donde conspiraban los frailes

En el tramo final de la Avenida Portal de l'Angel, donde está situada la plaza de Carles Pi i Sunyer, estuvo situado hasta 1940 el convento conocido como de San Cayetano, sede de la orden de los Padres Teatinos. En ese convento tenían lugar en 1808 las reuniones del grupo de conspiradores contra la ocupación francesa del que formaba parte el padre Joan Gallifa, fraile teatino y uno de los más activos resistentes contra la ocupación. Gallifa y su grupo fueron finalmente detenidos y condenados a muerte y su gesta se recuerda en el monumento situado frente al lateral de la Catedral en la plaza de Garriga i Bas.

Monumento dedicado al padre Joan Gallifa situado enfrente del lateral de la Catedral.

Un convento abandonado

El convento de San Cayetano, alcanzado por una bomba durante la Guerra civil, había sido edificado en la segunda mitad del siglo XVII en un terreno cedido a la orden por el ciudadano Matias Vilar que ostentó el título de Ciudadano Honrado de Barcelona y fue Conseller Segon en sustitución de Jordi de Fluvià. Afectado por la desamortización de 1836, había sido abandonado en 1835 ante la agitación revolucionaria en la ciudad y fue posteriormente sede de los Juzgados Municipales, cuartel y almacén, todo ello en un edificio con escaso interés y sin condiciones aprovechables, lo que aceleró su derribo nada más terminada la Guerra Civil. La precariedad del edificio estaba en consonancia con la Orden pues los monjes no solo hacían voto de pobreza sino que tampoco podían pedir limosna por lo que vivían de lo que "la providencia" les deparase.

¿Qué fue de la reproducción de la Santa María de Cristóbal Colón?

Desde los años cincuenta, el Moll de la Fusta del puerto de Barcelona contó con una reproducción de la carabela Santa María, construida en 1928 en los astilleros de Cádiz, siguiendo las características de la primitiva nao que llevó a Colón a América en 1492. De la forma más misteriosa, la nave, que formaba parte del Museo Marítimo, desapareció de su emplazamiento en 1987, cuando se preparaba Barcelona para los Juegos Olímpicos de 1992 y se acometía la construcción del complejo Maremagnum. El día 13 junio de 1987 estallaron dos artefactos explosivos de escasa potencia en el interior de la nave, reivindicados por la organización Terra Lliure, afín a ETA. Las autoridades consideraron que no era conveniente dejar allí la nave mientras se construía la pasarela del Maremagnum y la nao desapareció misteriosamente de su emplazamiento. Se dice que sus restos reposan en el fondo marino en algún lugar entre la costa del Maresme o la Costa Brava, sirviendo de vivienda a diversas especies marinas.

El barrio de los ciegos

En diciembre de 1938, un decreto de la Generalitat de Catalunya dio origen a lo que años después sería la ONCE, la Organización Nacional de Ciegos. Pero los ciegos, los pobres naturalmente, ya habían estado organizados más o menos desde tiempo inmemorial. La noticia más antigua que se tiene de ese hecho data del año de 1339 cuando se agruparon ciegos y sordos protegidos por una ordenanza aprobada por el rey Pere IV e instalando su sede como Cofradía de San Martín en la iglesia del Pi. Los ciegos, que vivían de la limosna pública, vivían agrupados en un barrio extramuros llamado "de Jesús", más o menos en una zona limitada hoy en día por el Passeig de Gràcia y el de San Juan. Dicho barrio de Jesús era poco más que una agrupación de casuchas y barracas ocupadas no solo por los ciegos sino por pedigüeños de toda especie, pobres de solemnidad y en general gentes que vivían de la limosna o de otras actividades menos pacíficas. La calle Cecs de la Boquería ha heredado ese nombre porque en la Edad Media en un rincón del antiguo cementerio de la iglesia del Pi, más o menos donde ahora está la calle, se enterraba a los ciegos fallecidos en su barrio de Jesús.

Regomir, una calle con historia

En su domicilio del número 7 y 9 de la calle Regomir falleció en junio de 1884 Marcos Rocamora y Laporta, el más importante fabricante de jabón de España y en el número 5, junto al Pati Llimona, existió en el siglo XIX una librería e imprenta, negocios que solían ir de la mano desde el siglo XIV, perteneciente a Josep Torner, uno de los mas prestigiosos impresores de Barcelona. En ese imprenta se confeccionó entre 1823 y 1824 la revista *El europeo*, una de las primeras, si no la primera, revista española que siguió la corriente europea del romanticismo y que se definía a sí misma como "periódico de ciencias, artes y literatura". La revista fue editada por un grupo de pensadores y escritores, europeístas de la época: los italianos Florencio Galli y Luis Monteggia, el inglés

Ernest Cook y dos catalanes, Buenaventura Aribau, padre de la Renaixença catalana, y Ramon López Soler. La revista, cuyos números se conservan en la Biblioteca de Catalunya, tuvo una efímera vida coincidiendo con el Trienio Liberal, pero fue clausurada tras la caída del gobierno de Álvaro Flórez de Estrada y el regreso del absolutismo de Fernando VII.

La secta de los Carbonarios

Tanto Galli y Monteggia como Cook formaban parte de la secta u organización secreta conocida como los Carbonarios, nacida en Italia durante la ocupación francesa con una ideología profundamente liberal que fue evolucionando hacia posturas libertarias y rebeldes en toda la Europa conservadora. Al igual que la masonería imitaba los ritos y formas de los constructores, los Carbonarios imitaron los de los fabricantes medievales de carbón. La pertenencia a la sociedad era muy estricta y se castigaba con la muerte su abandono. Su ideología política pasó del liberalismo constitucionalista al anarquismo, propugnando atentados e insurrecciones armadas, especialmente en Italia. Aribau entró a formar parte de ella cuando, en 1821, ya habían sido derrotados militarmente en Italia. La sociedad desapareció como tal en 1848 aunque la mayoría de sus miembros ya se habían pasado a la Giovinne Italia, de Giusseppe Manzini.

Buenaventura Aribau.

El fantasma y la viuda

Como muchas otras calles dedicadas a los oficios de la antigua Barcelona, existe la de Agullers, fabricantes de agujas, que va de la Via Laietana a la de Canvis Vells, aunque antes de la apertura de la Via Laietana llegaba hasta la actual calle Ample. Además de los fabricantes de agujas, en esa calle tenían sus negocios algunos herbolarios y curanderos. Cuenta una leyenda urbana que en el número 11 de dicha pequeña calle vivía en 1934 una viuda llamada Ana Escó, con sus cinco hijos, y que hacia principios del verano empezó a aparecer por la casa un fantasma que provocaba ruidos, caídas de objetos y desde luego un susto mayúsculo a la mujer y a sus hijos que no podían pegar ojo en toda la noche. Amigos de la mujer, armados con bastones, intentaron espantar a la aparición pero fueron incapaces de encontrarla y tampoco la policía avisada por la mujer para deshacerse del espíritu. Al poco tiempo las manifestaciones desaparecieron y nunca se supo si era el propietario que quería desahuciar a la viuda o realmente era un fantasma.

Las agujas asesinas

Cuenta Joan Amades que en esa calle vivió un artesano de la aguja que era capaz de fabricar tres en una, al modo de las muñecas rusas, una dentro de otra y todas ellas finas y capaces de ejercer su función. También era cosa conocida en la Edad Media, que la fabricación de agujas era estrictamente controlada por las autoridades pues especialmente las usadas para coser sacos, gruesas y largas, eran utilizadas frecuentemente como armas y casi no dejaba huellas en el cuerpo de los asesinados.

Dulce tradición

En el espacio que hoy ocupa la Llibreria Catalonia, el número 3 de la Ronda de Sant Pere, estuvo hasta 1986 una de las confiterías más prestigiosas de Barcelona, la de Llibre i Serra, abierta en 1900 muy cerca, en la calle Fontanella y trasladada poco después a su nuevo emplazamiento. Con una decoración obra de Luis Sagnier y una oferta de auténticas delicadezas fue uno de los locales más famosos de principios de siglo y recibió la distinción de Proveedores de la Casa Real. Al contrario que en otros negocios, la pastelería no fue incautada durante la Guerra civil y siguió funcionando aunque con graves problemas de abastecimiento por falta de materia prima.

Otro teatro desaparecido

Hasta 1955, la calle Mercaders, que circula desde la plaza de la Llana hasta la avenida Francesc Cambó, llegaba hasta la plaza de Beates y un gran edificio cerraba el espacio que hoy ocupa la avenida. En ese bloque, derribado en 1955, existió desde 1849 el Instituto Dramático del Olimpo, más conocido como Teatro Olimpo, una sociedad de fomento del teatro de aficionados que llegó a tener gran renombre. El teatro, los bailes de sociedad, las tertulias de café y la sala de lectura daban vida a una entidad que era tildada algunas veces de "pequeño Liceo". El teatro se profesionalizó hacia 1865 después de sucesivas reformas y en 1875 lo dirigió brevemente Rossend Arús[25]. Por él pasaron el actor murciano Ceferino Guerra, el andaluz José María Dardalla o el actor y director de escena Joaquín García Parreño. En esa sala se estrenó el 2 de junio de 1951 *Farsa entenent que els espectadors observessin l'escenari a vista d'ocell* i *Nocturns encontres* de Joan Brossa.

La armería Estruch

Josep Estruch, coleccionista de armas.

La página web del Ejército de Tierra español[26] se hace eco de la existencia entre 1888 y 1903 de la armería–museo Estruch existente en la Plaza de Catalunya y perteneciente a Josep Estruch i Comella y que es considerada como el antecedente del Museo del ejército que estuvo instalado en el castillo de Montjuïc. En una superficie de 220 metros cuadrados se exponían más de 2000 armas de todas las épocas, una de las colecciones más completas del mundo, pero las dificultades económicas de Estruch le obligaron a vender la magnífica colección. Por otro lado, la reordenación de la plaza de Catalunya impuso el derribo del edificio que ocupaba parte

25. Ver artículo referente a Rossend Arús y su biblioteca.

26. www.ejercito.mde.es

del espacio central de la plaza. La fabulosa colección no encontró comprador ni en las instituciones barcelonesas ni en las centrales de Madrid, así que Estruch vendió todas sus piezas a un coleccionista francés, Georges Pauliach, propietario ya de una valiosa colección propia que se abría al público en la avenida Makalov de París.

La primera peluquería femenina

El Gran Teatro del Liceo ocupa hoy en día un gran espacio que corresponde a los números 51–65 de la Rambla, pero a finales del siglo XIX no era así y en el número 59, al lado de la entrada al Gran Teatro, se abrió el 23 de septiembre de 1892 la primera peluquería de señoras de toda España de la mano de Tomás Cebado, que hasta entonces había trabajado para José Duch, en el local contiguo donde éste tenia su peluquería de caballeros. La peluquería era frecuentada por las divas de la ópera y las artistas del paralelo y de los muchos cafés–concierto que había

Tomás Cebado, impulsor de la primera peluquería de señoras de España.

por la zona. La peluquería se cerró en 1934 pero varios miembros de la familia continuaron el negocio que hoy en día funciona por el régimen de franquicia.

También caen los castillos

En la esquina de la calle Banys Nous con la de Call existió hasta 1846 una fortificación conocida como "El Castell Nou", nombre que se le dio porque su construcción fue más tardía que la del Castell Vell, al otro lado de la antigua muralla romana de la ciudad, en el lado de levante. El Castell Vell, residencia de los vizcondes, fue construido en el siglo X, mientras que el Nou es de un siglo posterior, pero ambos estaban en el lugar de los torreones de defensa romanos. En el Castell Nou se refugiaron en 1391 los judíos del Call perseguidos por una multitud fanática pero en 1553 hubo otro gran desastre relacionado con ese castillo. En el verano de ese año una parte de la fortaleza se hundió sepultando a un número indeterminado de ciudadanos. No fue reconstruido y se derribó totalmente en 1846 cuando se abrió la calle Ferran.

Donde se alojaron los reyes

La plaza de Santa Ana, ya desaparecida y situada más o menos en la que hoy ocupa la de Francesc Pi i Sunyer, estuvo rodeada de magníficos y señoriales edificios, como señala Victor Balaguer, y uno de ellos, el del duque de Sessa y Soma, fue posada de dos ilustres visitantes que pasaron por Barcelona en 1551. Se trataba de Maximiliano II de Habsburgo rey de Bohemia y de Hungría y futuro Emperador del Sacro Imperio, acompañado de su esposa María de Austria. Maximiliano había sido llamado a España para ejercer de regente del Reino mientras el heredero y regente en aquel momento, el príncipe Felipe, que sería rey con el nombre de Felipe II cinco años más tarde, hacía un viaje de tres años por las posesiones europeas y para visitar a su padre, Carlos I de España y V de Alemania, que guerreaba en los Países Bajos.

Els Tres Tombs

En el número 2 de la Ronda de Sant Antoni sobrevive uno de esos bares de barrio que poco a poco van despareciendo. Se trata de Els Tres Tombs, un local de copas, restaurante o de tapeo según la hora del día, que mantiene ciertas esencias a la espera de ser colonizado por el Celeste Imperio. El nombre no es casual pues en la cercana iglesia de Sant Antoni Abad tenía lugar desde 1826 el día 17 de enero una fiesta, recuperada de antiguo, y que consistía en la bendición de los animales de tiro, en especial caballos y asnos, que después de la ceremonia daban tres vueltas a la iglesia. La desaparición progresiva de carreteras y cocheros con sus bestias de tiro, hizo que la celebración derivara hacia la bendición animales "de pata redonda" lo que quiere decir mascotas como perros y gatos. Las tres vueltas tenían un paso obligado por la puerta llamada de Sant Antoni, desaparecida al tiempo que la muralla.

Els Tres Tombs, un local de copas, restaurante o bar de tapas de la Ronda de Sant Antoni.

Núria Torray y el Candilejas

Lluís Permanyer afirma que la actriz Núria Torray (Núria Torray Resplandi) debutó en el Teatro Candilejas de Barcelona cuando todavía estudiaba en el Instituto del Teatro, a pesar de que en sus biografías se afirma que el debut fue en Madrid, en el Teatro Español donde interpretó *Las brujas de Salem*. Probablemente en el Candilejas todavía era una aficionada y su debut profesional fue efectivamente en Madrid. El Teatro Candilejas de Barcelona ocupó el espacio en el que hoy está el Hotel Calderón en la Rambla de Catalunya durante unos efímeros diez años, desde 1957 a 1967 y en él se representaron a grandes autores como Ionesco, Shakespeare o Kafka.

Las termas romanas

El conocido Pati d'en Llimona, en el número 7 de la calle Regomir, descubrió no hace mucho su subsuelo con una porción de muralla y unas termas romanas datadas en el siglo I a.C. El descubrimiento viene a confirmar una existencia que ya se suponía de unos baños construidos en la antigua Barcino con la idea de que los legionarios romanos se dieran un baño antes de entrar en la ciudad. No obstante, hasta el descubrimiento del Pati Llimona se suponía que habían existido unas termas en la calle de Banys Vells, aunque algunos autores creen que, si bien existían desde antiguo, eran posteriores a la Barcino romana.

El Pati Llimona situado sobre un fragmento de la muralla y unas termas romanas.

Un portón o un pedrusco

El nombre de calle de Petritxol, paradigma durante años de la buena pastelería, figura en las crónicas ciudadanas desde 1340 pero su antigüedad debe ser mayor sin duda. Se supone que hace referencia a la familia propietaria de los terrenos, aunque otras fuentes afirman que la voz proviene de pedrís, un pedrusco que interrumpía el paso de carruajes. Pero la versión más interesante es la que la relaciona con la ocupación árabe de la ciudad entre los año 781 y 801. Dice esta versión que el emir de Barcelona Matruh ben Sulayman al-Arabí, hizo abrir una nueva pequeña entrada en la muralla, un *portixol*, para que los cristianos accedieran a la iglesia del Pi, la única que habían dejado como templo cristiano, sin mezclarse con los fieles musulmanes que entraban a la ciudad por la Porta Ferrisa.

El tesoro del pozo

La leyenda afirma que, durante la ocupación musulmana los cristianos, que vivían fuera de las murallas, en lo que hoy es el Raval, tenían prohibido acceder a la iglesia del Pi por el camino más corto, la Porta Ferrisa, y debían dar un gran rodeo, de noche, pues los oficios religiosos cristianos solo se toleraban antes de la salida del sol. Cuentan que el único sacerdote que aún quedaba en Barcelona encontró por causalidad un tesoro de monedas de oro en un pozo y ofreció al emir comprar el camino con las monedas que fueran necesarias para cubrir el trayecto desde la Porta Ferrisa a la iglesia. El emir aceptó pero las monedas dejaban un último tramo sin cubrir y para evitar quedarse sin el dinero, el emir ofreció entonces abrir el *portixol* para que los cristianos pudieran acceder a su templo sin mezclarse con los musulmanes.

El templo de Augusto

En el número 12 de la calle del Paradís se encuentra el Centre Excursionista de Catalunya, fundado en 1876, una de las entidades ciudadanas más destacadas con una larga trayectoria

Columnas de estilo jónico dentro del Centre Excursionista de Catalunya.

de amor por el país y la naturaleza. Desde el punto de vista urbanístico, se podría decir que el edificio está en el corazón de Barcelona, pues en su entrada, una losa redonda señala el punto más alto del monte Táber, el primitivo lecho de la ciudad. Cuando se realizaron las obras de construcción del edificio que debía albergar al Centro, en 1890, se descubrieron tres columnas de estilo jónico que, según Puig i Cadafalch pertenecían al templo dedicado al emperador Augusto, cuyo sucesor e hijo adoptivo, Tiberio, elevó a la categoría de dios y ordenó su culto.

Una comisaría con clase

Tras su boda en 1871, Eusebi Güell se hizo construir su primera residencia barcelonesa en el solar de los números 3 y 5 de la calle Nou de la Rambla, el conocido como Palau Güell, y lo encargó en 1880 a su amigo y protegido Antoni Gaudí. La apuesta de Güell fue muy alta pues todo el barrio estaba ya en franca decadencia y la burguesía y la aristocracia barcelonesa ya había optado por el Eixample para construir sus lujosas mansiones, sobre todo el Passeig de Gràcia y alrededores. Eusebi Güell vivió allí desde 1888 hasta 1910 en que se traslado a su nuevo palacio en lo que hoy es el Park Güell. El edificio fue también un reto importante para Antoni Gaudí y desarrolló en él todo su genio utilizando materiales nobles, piedra, mármol, hierro forjado, ocupándose también de la decoración y el mobiliario. La vivienda fue ocupada por Mercè Güell, una de los diez hijos de Eusebi Güell, hasta el estallido de la Guerra Civil. En julio de 1936 el Palau Güell fue requisado por la CNT–FAI y poco después fue utilizado como comisaría del distrito y en los últimos meses de la Guerra Civil como prisión. Finalizada la guerra fue devuelto a sus propietarios y el Ayuntamiento de Barcelona lo compró en 1944.

Fachada del Palau Güell, diseñado por Antoni Gaudí.

Otra vez Serrallonga

En el lugar que hoy ocupa El Corte Inglés del Portal de l'Angel estuvo erigida la mansión de la ilustre familia Torrelles que, a mediados del siglo XVII, sufrió el asalto del célebre bandido Joan Sala i Ferrer, conocido como Serrallonga. En una noche de verano, Joan de Serrallonga y su cuadrilla saltaron las murallas de la ciudad, cerca de la puerta de Santa Ana. Mientras Serrallonga esperaba junto a la puerta de la mansión, los suyos se colaron en ella y le abrieron la puerta para que pudiera llevarse a Joana, la hija de los Torrelles, que estaba ya lista para ser "raptada". Se dice que Joana Torrelles fue la última de las amantes del célebre bandolero antes de que fuera detenido en su refugio de Santa Coloma de Farners.

La calle y la plaza de Basea

La calle Basea es hoy en día una cortísima vía, casi desconocida, de solo unas decenas de metros entre la calle de la Nau y la de Argenteria, tan estrecha que cuesta trabajo creer que fuera una calle principal, pero lo era hasta la reforma que en 1908 abrió la Via Laietana y eliminó casi por completo la calle. Desde el siglo XII esa calle, un prodigio de vueltas y revueltas, había sido una de las más importantes del barrio, con un intenso tráfico de personas y animales y grandes casas señoriales, una de ellas, se dice, propiedad del famoso Serrallonga. Una leyenda ligada a la calle dice que allí cayó la cabeza del conde Borrell II que los soldados de Almanzor le habían cortado y la lanzaron con una ballesta por encima de la muralla para aterrorizar a los barceloneses. De ahí el nombre de la calle derivado del vocablo *basetja*, o ballesta. Otra versión menos interesante dice que el nombre no es más que la derivación de basses, en castellano balsas, por los depósitos de agua que había junto a la plaza que en 1827 llevó el nombre de María Luisa, esposa de Fernando VII, y que también desapareció en 1909.

El burdel de la calle Comerç

Una de las últimas casas de la calle del Comerç, cuando se une a la Avenida Marquès de l'Argentera, fue durante el siglo XVIII y gran parte del XIX un famoso burdel al que se conocía como Casa del fang. Su clientela estaba asegurada pues justo delante se levantaban los muros de la Ciudadela con su guarnición al completo, soldados, oficiales y altos mandos, muchos de ellos asiduos usuarios del local. Ha quedado constancia de un suceso acaecido hacia mediados del siglo XVIII con la visita de cierto rey de Portugal a Barcelona. El rey se hospedó en el interior de la fortaleza y un buen día dicen que echó a faltar una joya de gran valor con un diamante engarzado. La oportuna investigación concluyó que el culpable de la sustracción era un pobre soldado de la guardia pero no se pudo encontrar dicha joya en su poder.

El soldado fue condenado a muerte por lesa majestad pero al correr la voz, el ama del burdel se apresuró a decir que una garza se había presentado en su terraza con la joya en el pico y que la devolvía inmediatamente a su dueño. El soldado fue indultado y condenada la garza, todo ello muy adecuada para ocultar el modo en que la joya había llegado hasta las profesionales de la Casa del fang.

La Flor desaparecida

Desde el año 2007, una de las más importantes marcas de ropa, con proyección internacional, ocupa el número 32 de la avenida Portal de l'Àngel. Allí estuvo ubicado el cine París, abierto en 1928 y cuyas obras derribaron una vieja casa situada en su parte trasera, en una pequeña calle conocida como Flor y que aún existe. Esa vieja casa tiene dos historias bien distintas, por un lado la leyenda de que en ella vivió Josep Oriol, canonizado en 1909, ocupándose, como siempre había hecho, de socorrer a los más necesitados al tiempo que dirigía la cercana iglesia del Pi. El nombre de la calle vendría porque al santo se le calificó como la Flor de los sacerdotes. Otra versión menos legendaria y menos edificante, es la que afirma que en esa calle existió un burdel llamado De la Flor y la calle se quedó con ese nombre.

3. El comercio y la industria en una ciudad viva

Un faro de innovación y modernidad en el Mediterráneo

No es Barcelona una de esas ciudades que pasa por la Historia sin dejar huella. El comercio, la industria, la navegación y también la política ligada a todas esas actividades han dejado su impronta. Durante siglos Barcelona fue el modelo de ciudad viva, en gran parte debido a su sistema político, nunca teóricamente independiente, pero en la práctica una ciudad libre que hacía y aplicaba sus propias leyes y que los reyes, de Francia y de España, respetaron profundamente hasta la llegada de los Borbones tras la guerra de Sucesión. Barcelona ha sido la cuna de múltiples iniciativas comerciales e industriales, pero también ha sido puerto de entrada de todo lo que era innovación en Europa y en el Mediterráneo y desde sus primeros inicios como campamento romano ha sido puerto de atracción para viajeros, comerciantes, artesanos y aventureros. Ligada al mar en gran parte de su historia y siempre a la Europa más allá de los Pirineos, ha sido también la ciudad más dinámica de España y en muchas ocasiones la que ha mantenido la antorcha de la modernidad.

El día de San Martín

El día 11 de noviembre se celebra en todo el mundo católico la fiesta de San Martín y en Cataluña y gran parte de España es precisamente la fecha habitual en que se sacrifican los cerdos después del proceso final de engorde. Ya en el siglo XIV, Barcelona tenía unas estrictas ordenanzas en lo que se refiere a la matanza del cerdo, que se hacía en las casas particulares, la mayoría de las veces en la calle, frente a la puerta del dueño del animal. Para empezar, solo se permitía la matanza entre octubre y abril y los cerdos para la venta solo podía entrar por la puerta de San Daniel y por la de Jonqueres. De ahí iban directamente al Pla del Palau que, en los siglos XIV y XV se llamaba precisamente Plaça dels Porcs, porque allí se instalaba el mercado. Los cerdos considerados de menor calidad se vendían en el llano de la Boquería junto con otras carnes inferiores como la cabra o el macho cabrío. Los matarifes profesionales se organizaban en cuadrillas que se repartían por toda la ciudad y el precio del trabajo estaba estrictamente estipulado, nada de mercado libre. Todos los años, entre octubre y diciembre, las normas quedaban publicadas en pasquines fijados por toda la ciudad en los que incluso los detalles sanitarios quedaban explícitos y obligados.

El coral, ese tesoro rojo

El coral, muy apreciado en joyería, es objeto de pesca y comercio desde antiguo en todo el Mediterráneo y Barcelona era ya en la Edad Media un foco importante de trasiego de esta mercancía. Entre 1458 y 1461 los Consellers de la ciudad promulgaron diversas leyes y normas para el comercio del coral y reclamaron ante las Cortes del Reino de Aragón la protección de los comerciantes y marinos dedicados a ese mercado. De la importancia de esa industria da fe un requerimiento judicial de un comerciante llamado Pere de Partagás de l'Alguer en Cerdeña, contra Antoni Salavert, de Barcelona, por el mal uso de una flotilla de cinco embarcaciones dedicadas a la pesca de coral en aguas de Sicilia[28]. El Centro Superior de Investigaciones Científicas (CSIC) tiene unas magníficas instalaciones en el Paseo Marítimo de Barcelona dedicadas especialmente a la investigación marítima y ambiental y en sus piscinas se recuperaban a finales del año 2011 una importante cantidad de coral rojo, una especie en vías de extinción y muy protegida en la costa catalana, que habían sido arrancadas por furtivos en el Parque Natural subacuático de Montgrí.

28. Este y otros datos relativos al comercio de coral los cita el historiador Luis Camos i Cabruja en un documento existente en el Archivo Histórico de la Ciudad de Barcelona, "Referencias documentales en torno al tráfico de coral en Barcelona en el siglo XV".

El correo en Barcelona

La Capella d'en Marcús, en el cruce las calles Montcada y Carders, no solo es la más antigua de Barcelona, datada en 1161, sino que fue también la sede de la Cofradía de los Correos, los encargados en aquella lejana época de llevar los avisos y las cartas y sin duda el servicio de correos más antiguo de la Península y tal

vez de Europa. En dicha capilla los encar-gados de los correos, sujetos a una rígida ordenanza, tenían su caja comunal administrada por un *hostaler* que en aquellas tiempos cuidaba también del alojamiento de los viajeros. Las penas por desobedecer la ordenanza del correo eran de multas y aún de prisión. Ya en

La Capella d'en Marcús, punto de llegada de los correos a caballo.

siglo XVII una nueva cofradía "Correos de a Caballo" sustituyó a la de la capilla de Marcús, pero ésta siguió siendo punto de llegada de los correos a caballo aún en el siglo XIX.

Los cambios de moneda

Las Taulas de canvi de la Edad Media, antecesoras de los bancos, se instalaron en Barcelona en la calle que adoptó ese nombre, Canvis, que ya figura en documentos del siglo XIII. La calle de Canvis Vells, que va de la calle Santa Maria a la de Consolat de Mar, es la originaria donde los cambiadores de moneda se instalaban en la calle sobre un banco, o banca de madera, de ahí el nombre de Banco para las entidades financieras.

La mayor parte de los cambiadores eran judíos y los que no lo eran consiguieron a base de acusaciones de malas artes que los cambiadores judíos fueran expulsados, a lo que finalmente accedió el Consell de Cent y los trasladó a un nuevo emplazamiento, la calle de Canvis Nous, perpendicular a la anterior, continuación de la calle Santa María. A todo cambiador que era encontrado culpable de estafa, se le rompía la banca en la que trabajaba y se le expulsaba del oficio, de ahí el nombre de bancarrota.

El primer banco público

El conocido hoy en día como Palau de la Llotja de Mar, edificio neoclásico del siglo, tuvo su antecedente en la Llotja edificada por orden de Pere el Cerimoniòs entre 1384 y 1397 para dar cobijo a las transacciones comerciales de la época. Sin embargo hubo un acontecimiento fundamental en ese edificio unos años más tarde, en 1401. En ese año quedó instalada en ese edificio, tomado como sede, la Taula dels Dipòsits, el primer banco público de Barcelona, garantizados sus depósitos por la ciudad. Hasta el momento, los bancos o intermediarios financieros no respondían en absoluto de los depósitos en caso de quiebra, y el dinero se perdía sin remedio. Los cambiadores de moneda actuaban hasta entonces con escasos escrúpulos tratando con monedas falsificadas, si ello les proporcionaba beneficios, y tomando depósitos sin ofrecer garantía alguna. La nueva Taula

Palau de la Llotja de Mar, primer banco público de Barcelona.

emitía pólizas garantizadas contra el ingreso que podían ser hechas efectivas en cualquier momento y ni el dinero ni las joyas depositadas podían ser confiscadas por las autoridades ni aún en caso de delito.

El banco más antiguo de Europa, por poco.

La creación de la Taula no acabó con las maquinaciones de algunos banqueros que, de todos modos, intentaban sustituir las monedas depositadas por otras de inferior calidad o falsas, por esa razón se proyectó en 1589 la creación del Banc de la Ciutat, pero la terrible epidemia de peste de ese año retrasó toda decisión hasta 1609 en que el Banco fue creado, instalándose en una casa cercana a la Llotja. Poco antes, posiblemente unos meses, había sido inaugurado el Banco de Amsterdam, tenido por el más antiguo de Europa que, como se deduce de los documentos de la época, pudo haber sido el de Barcelona de no haber sido por la peste.

La patente de Joan Pujol

En estos tiempos en que tanto se habla de derechos de autor y de patentes, es interesante recordar el caso del barcelonés Joan Pujol, que vivió y trabajó en el siglo XVI. El tal Joan Pujol instaló en las Reales Atarazanas, entonces junto al mar, un invento al que denominó "enginy de ferrería" y que era un sistema de fundición y fabricación de clavos. El invento consistía en ocho fraguas conectadas por una rueda sencilla de manejar que permitía el trabajo de más de ochenta operarios y un ahorro de dos tercios del carbón usado para fundir el hierro. El invento de Pujol fue de gran importancia pues permitió instalar en Barcelona la producción masiva de clavos, algo vital para todo tipo de industrias que se desarrollaban en la ciudad y que hasta entonces había dependido de la importación desde lugares muy lejanos. Joan Pujol consiguió una patente real para explotar su producto durante treinta años.

Bellcaire y los judíos

Pocas veces se puede ver escrito que los Encants, ese mercado al aire libre tan barcelonés y tan famoso, fue fundado aproximadamente a mediados del siglo XIV por comerciantes judíos conversos con el nombre de Feria de Bellcaire (que es el nombre oficial que aún tiene). Se instaló en lo que hoy es el Paseo de Lluís Companys, cuando era una explanada fuera de las murallas, y se dedicó a la venta de ropa y de objetos usados. Los fundadores vivían muy cerca, en la calle que aún se llama Volta dels Jueus entre la calle de Cortines y del Portal Nou.

La aventura de Antonio Matzini

En 1438 pasó por Barcelona, Barchinona en aquella época, un italiano natural de Sena, en Sicilia, que había vivido veintisiete años en Inglaterra. Se llamaba Antonio Matzini y era comerciante y experto en lanas, profundo conocedor de la producción lanera escocesa e inglesa. A este ciudadano recurrió el Consell de Cent de Barcelona cuando se hizo apremiante la obtención de lana de calidad inglesa, la materia prima necesaria para elevar la calidad de los paños catalanes. Matzini se alió con el barcelonés Francesc Fenoses y ambos viajaron a Londres comisionados por la ciudad para la adquisición de lana de calidad. La operación no fue demasiado bien pues la galera genovesa que traía el género se negó a descargarlo en Barcelona por no pagar las tasas portuarias y acabó descargando en Valencia.

Una industria fallida

El edificio de la Llotja fue escenario el 2 de abril de 1451 de una reunión que pudo haber sido trascendental para la marcha de la ciudad y seguramente con cierto aire de secreto pues reunió a los Consellers, que lo hacían habitualmente en la Casa de la Ciutat, y a un grupo de escogidos ciudadanos. El tema a tratar, introducido por el Conseller Ferrer Nicolau de Gualbes, era la protección de algunos ciudadanos genoveses que pretendían instalarse en Barcelona para desarrollar la industria de telas bordadas en seda y oro, hasta el momento importadas de Italia. Ha quedado constancia del nombre de los genoveses: Urbano Tranquerio, Baltasare Miyolino y Domenico Luca, los cuales pedían la protección y subvención del Consell de Cent para instalar sus industrias. Por razones desconocidas, el acuerdo no llegó a buen fin y no fue hasta 1458 en que volvió a hablarse del asunto a petición de un artesano de Valencia que, al parecer, tampoco obtuvo el permiso correspondiente.

El reloj y la campana

En el Museo de Historia de la Ciudad se encuentra el magnífico reloj mecánico que estuvo instala en la torre de la Catedral desde 1576 a 1864. La espectacular pieza, de siete metros de altura y unos 5.000 kilos de peso, se la conoció como "reloj de los flamencos" pues su construcción estuvo a cargo de relojeros flamencos llegados expresamente a Barcelona para su instalación. Pero no es ese el primer reloj con el que contó la catedral pues en 1393 se había instalado uno, cuya máquina fue montada en la cercana casa del Arzobispo. Aquel reloj entró en funcionamiento el 18 de noviembre de 1393 y se le bautizó con el nombre de San Honorato, como la campana, Honorata, que debía dar las horas. Aunque no todo el mundo está de acuerdo, parece ser que fue el primer reloj instalado en una torre, honor disputado al de la iglesia de Cuéllar, en Segovia.

Barcelona farmacéutica

En el número 52 de la calle Sant Pere més Baix se encuentra la farmacia Padrell, una de las más espléndidas de Barcelona, con una bella fachada modernista de 1890 y una gran vidriera obra de Joan Espinagosa. Es sin duda la más antigua de las que se conservan en Barcelona pues está documentada desde el año 1561, ciento veintiocho años

Farmàcia Padrell, la más antigua de Barcelona

después de que se promulgaran en la ciudad las ordenanzas para el régimen de las boticas. Cuatro delegados nombrados por los Consellers eran los encargados de certificar la idoneidad de los farmacéuticos (o boticarios) para ejercer la profesión y de inspeccionar los medicamentos que despacharan. Una de las normas más curiosas que debía seguirse era que las recetas debían estar redactadas en "lengua romance", es decir en catalán, y no en latín como era costumbre en la época, para que se entendieran correctamente los ingredientes. Padrell se instaló en el barrio de La Ribera pero se trasladó a su emplazamiento actual cuando el barrio fue totalmente derribado después de 1714 para construir el fuerte de la Ciutadella.

La dinastía de los farmacéuticos Salvador

Una familia barcelonesa muy ligada a la profesión farmacéutica, y también a la botánica y al naturalismo es la dinastía Salvador. Su primer miembro conocido fue Joan Salvador, nacido en Calella en 1598, del que se tiene primera noticia en 1616 cuando fue admitido en el Colegio de Boticarios de Barcelona. Su hijo, Jaume Salvador, siguió la tradición familiar y fue aprobado como boticario en 1669. La siguiente generación de Salvador contó con el más destacado miembro de la familia, Joan Salvador i Riera, formado en Montpellier y en París, que llegó a alcanzar fama internacional como boticario y herbolario. Toda esta insigne familia tiene dedicada una pequeña calle, De los Salvador, entrelas de San Antonio Abad y la de Botella.

La primera fábrica de indianas

En la calle del Portal Nou, muy cerca del Rec Comtal, se estableció hacia 1738 la primera gran empresa textil barcelonesa dedicada a lo que se conocía como indianas, es decir telas estampadas llegadas desde los mercados de Oriente, especialmente de la India. Introducidas poco menos que de contrabando, Esteban Canals Grau, inversor y comerciante, de familia campesina, las hizo llegar desde Francia y ayudado por técnicos de aquel país desarrolló una industria que vino a revolucionar la producción de telas en España. En menos de diez años, la empresa Canals llegó a poseer cien telares, pero la producción de esas telas suponía una competencia insoportable para los antiguos artesanos textiles por lo que hubo una importante resistencia que se plasmó en prohibiciones y persecución de las fábricas donde se manufacturaban. Solo en 1759 se decretó la libertad para las indianas pero ya entonces la lista de empresarios dedicados a esa actividad era muy notable. Los Canals obtuvieron privilegios reales para su producción y el hijo de Canals, Juan Pablo, se convirtió en el principal industrial de España dedicado a la producción de tintes.

Can Culleretes, una originalidad

La calle de Quintana, dedicada por cierto a toda una familia, no a un solo personaje, tiene en su número 5 el honor de albergar el restaurante más antiguo de Barcelona, Can Culleretes, que ostenta ese nombre porque en 1786, cuando se abrió como fonda, los postres se servían con una cucharilla de metal, toda una innovación en la mesa donde hasta el momento se usaban solo de madera. Cuenta la tradición que hasta ese momento no existía en Barcelona establecimiento alguno donde cualquier foráneo o natural pudiera disfrutar de una comida, pues las fondas solían estar extramuros. El local original servía especialidades como las natillas, la crema catalana, el chocolate y la horchata pues al parecer los dueños era naturales de Valencia. De ser cierta la anécdota, se dice que un prohombre barcelonés que pasó por delante del establecimiento se lanzó a correr y a gritar por las calles, con gran sarcasmo, quejándose de la invasión valenciana: «Una botiquilla de comer y beber ha puesto un valenciano. Si no lo remediáis, perdida será la templanza, castidad, valentía de nuestra ciudad»[29].

La Boquería, centenaria

El mercado de Sant Josep, conocido popularmente como La Boquería, data en su emplazamiento actual el 19 de marzo de 1840. La instalación se pensó en un principio como provisional, pero al paso del tiempo se fue abandonando la idea de erradicarlo del interior de la ciudad y el derribo de las murallas lo hizo ya innecesario. Los datos más antiguos de un mercado en aquel lugar datan del año 1217 con puestos de venta de carne en el Pla de la Boquería, frente a la puerta de entrada a la ciudad, pero fue a partir de la primera "bullanga", en 1835, cuando los acontecimientos se precipitaron. Los revoltosos, que iniciaron una furiosa rebelión contra el clero y sus propiedades, incendiaron el convento de Sant Josep, donde ahora está el mercado, y tras la demolición de los restos se construyó lo que debía ser una plaza porticada al estilo de la Plaza Real que, poco después, fue ocupada por el mercado.

El «guiatge de vitualles», un privilegio real

La circulación de mercancías en Barcelona estaba protegida por un privilegio real, "guiatge de vitualles" concedido a la ciudad de Barcelona en 1337 por el rey Pere III por el que todo tipo de mercancía de avituallamiento de la ciudad gozaba de la protección real, incluidos los comerciantes que los transportaban o vendían. Por ese privilegio el rey garantizaba la libre circulación de mercancías por tierra o por mar con expresa protección también para los medios de transporte.

29 Citado en la obra *Crisi de Cataluña hecha por las naciones extrangeras*, de Mauel Marcillo. 1685.

El hombre de Ibiza

Entre diciembre de 1834 y enero de 1835, un buque llamado *Bella Antonia* zarpó del puerto de Barcelona con destino a La Habana y consta que entre junio y julio de 1835 zarpó también de Barcelona el mismo buque, esta vez con destino a San Juan de Puerto Rico donde llegó el 30 de julio de 1835. Según el cuaderno de bitácora, el día 6 atracó en un muelle llamado Sor. Martínez, de San Juan de Puerto Rico, conocido por ser el muelle de carga y descarga de esclavos[30]. En el mismo cuaderno afirma que "cargó 1400 lápidas de enlosar", es decir, el material utilizado como lastre, pero que en la jerga de la época significaba esclavos. Entre el día 30 de julio y el 7 de agosto, se supone que trasbordó a los 1400 esclavos negros desde algún barco negrero llegado de África al Caribe

El tráfico de esclavos

Hasta el 30 de julio, el cuaderno de bitácora del *Bella Antonia* lo firma Ramon Ferrer como capitán, nacido en Ibiza (otras fuentes afirman que en Blanes) y emigrado a Cuba en 1830. A partir de esa fecha el capitán firma como Adroher, pero no sería extraño que se tratara de la misma persona, dado que el tráfico de esclavos era ya ilegal. De hecho, el capitán Ramon Ferrer mandó la goleta llamada *Amistad* donde fue asesinado en la noche del 30 de julio de 1839 tras un motín de los esclavos que transportaba, una historia real filmada por Steven Spielberg y estrenada con ese nombre.

Lo que el banco se llevó

En la Rambla de Santa Mónica, encarado al puerto, se encuentra un edificio de estilo neoclásico que fue en su día la fundición de cañones para el arma de Artillería. El edificio construido entre 1680 y 1700, se usó después de la derrota de 1714 como fundición de campanas y poco después de su fundación, en 1845, se convirtió en la sede de la primera entidad

---

30. *La Amistad de Cuba*: Ramon Ferrer, *contrabando de esclavos. Captividad y Modernidad atlántica*. Michael Zeuske y Orlando García Martínez. Caribbean Studies.

bancaria genuinamente catalana, el Banco de Barcelona. El Banco, fundado por Manuel Girona, contó con el apoyo y la financiación de personalidades barcelonesas como los Güell, los Brusi, Muntadas, Juncadella, etc., pero tuvo una corta vida pues en 1920 fue objeto de una quiebra escandalosa. Gran parte de la burguesía industrial barcelonesa había depositado en el banco sus activos e incluso había comprado acciones del propio Banco y de sus asociados la Societat de Crèdit Mercantil y el "Banco de Préstamos y Descuentos". Todos perdieron su dinero, en algunos casos los beneficios y los ahorros de toda una vida.

Fachada de la antigua sede del Banco de Barcelona.

El político y el progreso

En el número 2 del Pasaje Méndez Vigo vivía en 1884 un ingeniero industrial llamado Gándara que en 1884 importó de Estados Unidos uno de los primeros modelos de máquina de escribir manufacturados por la empresa Remington. Gándara realizó varias demostraciones en su casa del funcionamiento de la máquina, realmente poco práctica, y uno de los asistentes, el político, periodista y escritor Pompeu Gener hizo esta lúcida premonición: "Travesuras de la mecánica. Dentro de un par de años nadie se acordará de este chisme".

El gas, un buen elemento

En el Parc de la Barceloneta, junto al barrio del mismo nombre, se puede admirar la conocida como de les Aigües, una bella construcción con decoración modernista obra de Josep

Domenech que data de 1906. Esa torre es lo único que queda de la antigua fábrica de gas que con el nombre de "Sociedad Catalana para el Alumbrado de Gas" se instaló en 1842 para dar alumbrado a Barcelona. No es tan conocido que en el cruce de la calle Balmes con la Gran Vía, junto a la Universidad, el espectacular edificio que alberga hoy una compañía de seguros fue la sede de la compañía que dotó de gas para el alumbrado a la ciudad y que fue fundada por el francés Charles Lebon, íntimamente relacionado con Ildefons Cerdà, y asociado con la familia Gil i Serra.

La gran explosión de gas

Uno de los accidentes más impresionantes debidos a la instalación del gas en Barcelona, por suerte sin víctimas, tuvo lugar en el cruce del Paseo de San Juan con la calle Aragón, el sábado 29 de noviembre de 1924. Sobre las diez de la mañana una tremenda explosión conmocionó al barrio lanzando al aire grandes trozos de hierro de la cañería y de sus sujeciones hasta una altura de tres pisos. La deflagración originó un cráter de cuatro metros de circunferencia y afectó a las conducciones de agua que circulaban junto a las de gas.

La primera fotografía

En la terraza de uno de los edificio situados frente a la Llotja, se colocó por vez primera el día 10 de noviembre de 1839 lo que podríamos llamar la primera cámara fotográfica que entraba en Barcelona. Se trataba del daguerrotipo, el invento de Louis Daguerre capaz de reproducir una imagen real en una plancha

Primera fotografía de Barcelona con la Llotja y la Casa de Xifré.

utilizando la luz y un proceso químico. El invento llegó a la ciudad de la mano de Ramon Alabern, discípulo de Daguerre, directamente desde París y la toma de la primera fotografía, un paisaje urbano con la Llotja y la casa de Xifrè, se convirtió en un espectáculo ciudadano que fue incluso anunciado en los periódicos de aquel día, un plomizo domingo con una luz más bien escasa. El éxito fue total, la imagen se reprodujo limpiamente después de unos veinte minutos de exposición con la advertencia a los curiosos y admiradores que desaparecieran de los balcones y ventanas pues su presencia podía desvirtuar las imágenes.

El fotógrafo Sardin

Tres años más tarde, en 1842, se instaló en Barcelona otro fotógrafo, Sardin, ofreciendo sus servicios de retratos en solo tres minutos y que al mismo tiempo vendía y aleccionaba sobre el uso de daguerrotipos cada vez más eficaces y de los procesos químicos para el revelado. Se instaló en el número 4 de la Rambla y en poco tiempo difundió por Barcelona el nuevo arte que imitaron otros profesionales como Mauricio Sagristá.

Galletas Montes

En 2001, el Ayuntamiento de Barcelona acondicionó el interior de la manzana comprendida entre las calles Manso, Viladomat, Calabria y Parlament con unos jardines a los que puso el nombre de Els Tres Tombs y diversos equipamientos. El lugar, un interior de manzana de los que se llevan recuperados unos cuantos, tuvo desde 1919 una fábrica de galletas, la fundada por Teodoro Montes, que ha dejado un buen recuerdo en el barrio. La primera fábrica de galletas de España se había instalado unos años antes, en 1859, en Badalona por Pedro Palay, indiano que importó maquinaria británica para su fabricación y por esa misma época se abrió La Farinera del Clot.

¿Navarra o Euskadi?

Reformado y parte de una gran grupo hostelero, sigue existiendo en el cruce del Passeig de Gràcia y la calle de Caspe el restaurante Navarra, que desde 1939 lució su letrero aunque con un corto paréntesis en que se convirtió en un experimento de cocina oriental. El Navarra no es desde luego lo que era, pero al menos continúa, aunque solo sea por el nombre, una larga tradición hostelera. El origen del Navarra está no obstante mucho antes, cuando Esteve Sala, un vinatero enriquecido de Castellbisbal, abrió a principios del siglo XX una cervecería a la que puso el nombre de Euskadi porque tras un viaje a aquel país le había seducido su cocina y quiso que su local fuera una representación de ella en Barcelona. Esteve Sala resistió las presiones del general Primo de Rivera y las del Partido Nacionalista Vasco para politizar su local, pero no pudo evitar que, al final de la Guerra civil[31], el local dejara de ser Euskadi para convertirse en Navarra.

Literatura, electricidad y canadienses

En marzo de 2012, el escritor Francisco González Ledesma, uno de los más insignes autores barceloneses de novela negra, cumplió sus primeros 85 años. Tal día como el 17 de marzo vino al mundo en el número 22 de la calle de Tapioles, paralela a la de Poeta Cabanyes donde nació otro ilustres barcelonés, Joan Manuel Serrat. Barrio obrero ligado a la industria y al ocio de principios del siglo XX, el barrio del Poble Sec vio instalarse en 1883 la primera central eléctrica de Cataluña, la Sociedad Española de Electricidad[32], sobre terrenos que habían pertenecido a las familias Mata, Vila i Vilà y Cabana. La SEE fue formada en 1881 por Francisco Dalmau, importador de material científico y óptico, y contó con la colaboración de destacados industriales barceloneses como Lorenzo Badía, Bruno Cuadros y José Pujol,

31. La causa, obviamente, es la torpe venganza franquista porque Euskadi se había decantado por defender a la República y Navarra se había sumado al alzamiento fascista.

32. José Maluquer. UAB.

presidente del Fomento del Trabajo Nacional. En 1889 entró a formar parte de la empresa, para salvarla de la quiebra, la británica Woodhouse & Rawson Limited. Incapaz de satisfacer la demanda eléctrica de la industria catalana, la SEE vendió en 1894 todos sus activos a la nueva sociedad Compañía Barcelonesa de Electricidad gestionada por la alemana AEG. Finalmente, en 1912, el grupo formado en Toronto Barcelona Traction, Light and Power compró la CBE y tras la Guerra Civil la producción eléctrica y todas las instalaciones de la Barcelona Traction pasaron a la recién creada FECSA.

Industria textil, cultura y electricidad

El complejo cultural conocido como Caixafòrum es hoy en día uno de los puntos culturales más destacados de Barcelona. Hasta hace muy poco, 1992, el bello edificio obra de Puig i Cadafalch había sido la sede de la unidad móvil y de caballería de la Policía Nacional, instalada allí en 1940 en un edificio que entonces permanecía vacío y en desuso. Esta muestra de modernismo catalán fue la fábrica de mantas y telas de algodón de Casimir Casaramona, totalmente electrificada, que encargó su construcción a Puig i Cadafalch con una especial preocupación por la seguridad contra el fuego, dado que su anterior fábrica, en el Raval, había sido destruida por un incendio. La industria Casaramona, instalada en su nueva y moderna sede en 1911 apenas sobrevivió unos años pues la empresa quebró tras los 44 días de huelga general gestados por los despidos de La Canadiense.

4. Arte y cultura que han dejado huella

Una ciudad conocida y admirada en todas partes

Barcelona es hoy mundialmente conocida, de eso no cabe duda. Como se dice ahora se ha situado en el mapa y el mérito, todo hay que decirlo, no es solo del F.C. Barcelona y de los Juegos Olímpicos, uno de los mejores organizados por cierto en la historia de esa competición. No, no es solo eso. Las enormes colas de turistas alrededor de la Sagrada Familia, de los edificios modernistas del Passeig de Gràcia o del Park Güell son comparables a las que se pueden ver en la galería de los Uficci en Florencia, en Buckingham Palace para ver el cambio de guardia o en el Vaticano. O tal vez no tanto. Sea como fuere el arte y la cultura de la Ciudad Condal es un hecho a pesar de los esfuerzos de unos y otros por minimizarlo. En Barcelona está presente todavía la arquitectura militar romana, el románico más antiguo, el gótico, la arquitectura renacentista, el neoclasicismo y sobre todo el modernismo con una explosión de arte que puede rivalizar con cualquier otra ciudad europea. Y todo eso sin perder de vista que también esta vieja ciudad ha producido literatura, música, artesanía y sutiles inventos, de esos que no pasan a la Historia con mayúsculas, pero que han sido más eficaces que otros con más renombre.

San Martín y el dragón

La pequeña calle de Cotoners, paralela a la de Princesa, albergó en la Edad Media a los artesanos del algodón, pero antes se llamó de Vilardell, como en otros casos achacado ese nombre al de alguna familia notables que vivió en aquellos lares. No obstante, Joan Amades coloca en ella la leyenda de Soler de Vilardell, el caballero

El pintor Bernat Martorell pintó este cuadro representando un caballero que mata un dragón.

que mató el terrible dragón de Sant Celoni. La leyenda, muy conocida, afirma que el caballero, de una ilustre familia natural de Sant Celoni, se disponía a dar unas monedas a un pobre que pedía a su puerta cuando se percató de que no llevaba nada encima. Volvió a su casa para tomar unas monedas y al regresar había desaparecido el pedigüeño y en su lugar había una bellísima espada que resultó más fuerte que cualquier tronco de árbol o que cualquier piedra. El mendigo, según la tradición, era San Martín que quiso así armar al caballero para matar a un dragón que aterrorizaba a los viajeros y a los naturales del país. Y así lo hizo Soler de Vilardell, solo que difiere la historia si fue en Sant Celoni o si fue en Barcelona.

Llibreteria, libreros y editores

Según todos los indicios, la primera imprenta barcelonesa con la técnica inventada por Gutenberg estuvo situada en la calle conocida como Apotecaris y fue traída a Barcelona por los alemanes Juan de Salzburgo y Paulo de Constanza. Ambos impresores se instalaron en la ciudad en 1475 o tal vez unos años antes, pero fue en esa fecha cuando vio la luz su primer trabajo, la *Rudimenta Gramaticae,* latina, de Nicolaus Perottus. La primera impresión en catalán llegó más tarde, en 1480, *Regiment de Prínceps* de Francesc Eximenis impresa por los barceloneses Joan Ramon Corró y Joan Sa Coma y del alemán Spindeler. En la primera mitad del siglo XVI la calle cambió su nombre por el de Llibreteria, pues en ella se habían instalado de antiguo los libreros de la ciudad, que eran también en aquella época, editores e impresores. En ella sobreviven hoy en día algunas librerías, recuerdo de las que llenaban la calle en el siglo XVI.

La prensa y los héroes

Uno de los primeros y efímeros diarios que se publicaron en Barcelona fue el llamado *Diario Curioso*, que salió a la calle en 1772 primero con el nombre de *Diario Evangélico*, cambiado a partir del número 7. Dicho diario tuvo su redacción, impresión y venta en la imprenta–librería de Cristòfol Escuder, en la calle Condal, administrada, por Francesc y Felip Codina. La pretensión de su editor, inventor y financiero Pedro Ángel de Tarazona, era la de publicar un periódico cultural, pero en uno de sus números sí publicó lo que podríamos llamar una noticia de interés y que fue la presencia de piratas argelinos y tunecinos en las costas de Barcelona. Para dar algo de confianza a la gente de mar, el articulista escribía: "Se confía no habrá tardado don Antonio Barceló en salirlos a buscar". Se refería el autor del texto al marino mallorquín Antonio Barceló i Pont de la Terra, en aquel momento capitán de navío de la Armada y responsable de la escuadra que defendía las costas españolas de los piratas del norte de África, héroe popular y eficaz marino que entre 1760 y 1769 había hundido 19 barcos piratas y rescatado a un millar de rehenes españoles.

Un periódico de peluquería

Diez años antes, Pedro Ángel de Tarazona ya había intentado sacar a la calle una publicación llamada *Diario Curioso, Histórico, Erudito, Comercial, Público y Económico*, impreso también por Cristòfol Escuder. El diario se vendía especialmente en las peluquerías (una tradición de lectura en dichos establecimientos que se ha mantenido hasta hoy) y su último numero apareció el 28 de febrero de 1762.

Diario Curioso, uno de los primeros periódicos que se publicaron en Barcelona.

Constructores

El edificio de la Universidad de Barcelona, en la plaza del mismo nombre, lleva la firma del arquitecto Elies Rogent, pero pocas veces se cita también al maestro de obras Francesc Brosa quien dirigió la obra diseñada por Rogent de quien había sido alumno en la Escuela de Maestros de Obras de Barcelona. Brosa, nacido en Barcelona en 1834, fue también el constructor del Arco del Triunfo. Diseñado por Josep Vilaseca consiguió por subasta un terreno en el Pla de Barcelona, tras el derribo de las murallas y Elies Rogent le diseñó el edificio de planta y cuatro pisos que Brosa construyó personalmente en el terreno que el Plan Cerdá llamaba Bloque 23 y corresponde hoy en día a la calle Sepúlveda, número 172.

Examen para el título de Maestro de Obra

Los Maestros de Obras, íntimamente relacionados con la Masonería, formaban uno de los gremios más importantes no solo de la antigua Barcelona, sino prácticamente de todo el occidente cristiano. Ya en el año de 1378, el Consell de Cent puso en vigor las ordenanzas para regular ese título al que se accedía después de un examen ante un tribunal formado por destacados y antiguos miembros de la profesión. En 1455 quedaron establecidas estas normas y el derecho a presentarse a examen abonando veinte sueldos para los súbditos del Reino de Aragón y cincuenta para los foráneos. En 1760 se creó la Academia de Bellas Artes, en el edificio de la Llotja, donde se impartían las clases de Maestro de Obras.

Pinturas de clausura

Durante muchos años, las pinturas de las capillas y oratorios del Monasterio de Pedralbes permanecieron en la más absoluta discreción debido principalmente a que el monasterio lo ocupaban monjas clarisas, de clausura, por lo que sus dependencias interiores no podían ser visitadas. Fue el investigador Manuel Trens, conservador del Museo Diocesano quien en sus dos obras dedicas al pintor Jaume Ferrer Bassa, publicadas en 1933 y 1936, dio a conocer las extraordinarias obras de este pintor del siglo XIV especialmente en el oratorio de la segunda abadesa de Pedralbes, Francesca de Ça Portella. En documentos de la época consta que Ferrer Bassa firmó en 1343 un contrato con la abadesa para su trabajo en la llamada capilla de San Miquel dejando huella de su arte con las pinturas góticas más representativas de este estilo en Cataluña.

Pinturas de las capillas y oratorios del monsterio de Pedralbes que han permanecido en el más absoluto anonimato durante muchos años.

Un pintor desconocido

En el Museu Nacional d'Art de Catalunya (MNAC) ocupa un lugar destacado el retablo llamado Verge dels Consellers, una pintura al óleo de factura gótica flamenca, obra de Lluís Dalmau donde pueden verse con una precisión fotográfica a cinco Consellers de la Generalitat del año 1443, Joan Llull, Francesc Llobet, Joan Junyent, Ramon Savall y Antoni de Vilatorta. Del pintor no se conoce apenas nada. Se sabe que nació y murió en Valencia y que fue contratado en ese año de 1443 por el Consell de Cent para realizar el cuadro que iba destinado a la capilla de la Casa de la Ciutat. De Dalmau se sabe que había sido enviado a Flandes por el rey Alfonso V el Magnánimo para aprender la técnica flamenca del óleo y que allí Dalmau estudió con el gran maestro Van Eyck. Es menos conocido que la otra gran obra conocida de Dalmau, la tabla central de retablo de Sant Baldiri, se encuentra en la parroquia dedicada a este santo en la localidad de Sant Boi de Llobregat.

Pintura de Lluís Dalmau en la que se pueden ver cinco Consellers de la Generalitat del año 1443.

El Castell de Plegamans cambia de mano

Uno de los Consellers retratados en el retablo, Antoni de Vilatorta, tuvo su cabeza pendiente de un hilo entre los años 1472 y 1474 a causa de su rebeldía contra el rey Juan II. En 1441 le había sido concedido a Villatorta el Castell de Plegamans como parte de sus posesiones pero fue desposeído en 1472 a causa de su oposición al rey en la guerra civil catalana, también llamada rebelión de los payeses de remensa. Terminada la guerra con la entrada de Juan II en Barcelona, Vilatorta fue desposeído del feudo de Plegamans y lo recuperó tras la amnistía de 1474.

Un lance de amor y literatura

A mediados del siglo XIV estaba en todo su apogeo la imprenta de Carlos Amorós, instalada en el bello edificio conocido como Casa Gralla, en la calle de la Portaferrisa, derribado en 1856, y donde se imprimían las obras de Juan Boscán o Garcilaso de la Vega. En dicha imprenta trabajaba un joven llamado Juan Luschner, de origen alemán y miembro de otra ilustre familia de impresores y un día de finales del siglo XV el joven con un grupo de amigos entre los que estaba un aprendiz de boticario que trabajaba junto al Portal de l'Àngel, llamado Ramón Laguarda, se vio envuelto en una pelea. Todo fue a causa de la persecución a una joven cocinera de Amorós, llamada Catalina a la que, fruto de los celos, Luschner abofeteó ante Laguarda. Éste le retó a un duelo a espada, pero perseguidos ambos por la justicia para evitarlo, Luschner acabó herido por Joan de Belloch, amigo de Laguarda, si bien el asunto no fue nada grave y todo acabó perdonándose.

Barcelona y Lepanto

El Museo Marítimo de Barcelona, instalado en las que fueron Reales Atarazanas, tiene desde 1971 una reproducción exacta a tamaño natural de la galera real, buque insignia de don Juan de Austria en la batalla de Lepanto. El día 7 de octubre de 1571 una escuadra española, veneciana y del papado, mandada por don Juan de Austria, derrotaba a la flota turca al mando de Alí Bajá en el golfo de Lepanto, deteniendo la expansión del Imperio Otomano hacia el Mediterráneo occidental. La nave era una

Reproducción de la galera *La Real*, buque insignia de Juan de Austria en la batalla de Lepanto.

impresionante galera a la que se conoce como La Real, pero que fue bautizada como *Argo* cuando fue botada en las Dressanes de Barcelona. El día 15 de enero de 1568, don Diego Hurtado de Mendoza, virrey de Cataluña, recibió la orden de construir una galera, "de la mejor madera existente" y el buque quedó listo y armado un año después. Medía 60 metros de eslora y la manejaban cincuenta marineros y 320 remeros al mando del capitán don Antonio de Alzate. En el momento del combate incorporaba además 100 soldados y nobles de escolta de don Juan y 400 arcabuceros. Tras la batalla, la galera quedó muy dañada y recaló en Sicilia donde fue sustituida por otra del mismo porte y la original debió ser desguazada y reutilizados sus componentes metálicos[33].

El faro y las coordenadas barcelonesas

En el conocido como Moll dels Pescadors, donde todavía atraca la pequeña flota pesquera barcelonesa, sobrevive la Torre del Reloj, que no es otra cosa que el faro que señalaba la entrada al puerto de Barcelona desde 1776, el año de su construcción. Cuando a mediados del siglo XIX se amplió y se modernizó el puerto, este faro perdió utilidad y se sustituyó su foco por un reloj con la idea de conservar la torre y evitar que la especulación acabara con ella. Fue precisamente este faro uno de los puntos que Pierre Méchain, técnico geodésico francés, utilizó para completar la medida del arco de meridiano que determinaría el tamaño de la Tierra y el sistema métrico decimal. Méchain utilizó tres puntos en Barcelona, el mencionado faro, el castillo de Montjuïc y un punto de la calle Avinyó en su cruce con la calle Ample donde se alojaba en una pensión llamada Fontana de Oro. Se puede comprobar sobre el plano que la avenida Meridiana y el Paralelo, las coordenadas de Barcelona, se cruzan en el faro de la Barceloneta.

Torre
Rello

33. La información sobre el final de la galera ha sido facilitada por el Instituto de Historia y Cultura Naval.

La primera guía urbana

Hoy en día, ya en plena era de Internet, una guía de cualquier ciudad es un sitio en la red que puede ser consultado desde un ordenador personal de mesa o portátil, desde un teléfono, una tableta o un Ipad y seguramente, en muy poco tiempo, desde cualquier otro medio técnico en tres dimensiones, o en un formato todavía por descubrir, pero las guías urbanas, como tales, han cumplido y todavía cumplen un importante papel en el conocimiento de una ciudad. ¿Cuál fue la primera guía urbana de Barcelona? Según el libro de *Divulgación Histórica* de Ayma, la primera guía impresa, propiamente dicha, fue publicada en 1777 con el título de *Calendario Manual y guía de Forasteros en Barcelona*. Incluía la guía urbana, con los nombres de las calles y un calendario, santoral, previsiones meteorológicas y múltiples informaciones útiles como los centros oficiales, iglesias y horarios de misas y las fechas de llegada de los correos. Todo ello en un pequeño formato, de bolsillo diríamos hoy, con 75 páginas.

Diseño, dulces e imprentas

Siguiendo en la tradición que unificaba librerías e imprentas, a mediados del siglo XIX existía en la calle Ample, esquina con Regomir la librería e imprenta de Manuel Saurí. Saurí publicó en 1849 una magnífica *Guía General de Barcelona*, recopilada y escrita por él mismo y José Matas. El libro hace, entre otras cosas, un repaso exhaustivo del comercio barcelonés de alto nivel que en aquella época ocupaba un sector que incluía la calle Boquería, Ferran (entonces Fernando VII), el Call, Ample, Tapineria, Avinyò y Escudillers. En la calle Ferran estuvo la pastelería y confitería de Agustí Massana, fundada en 1835 y que presumía de sus especialidades pasteleras importadas de París. El hijo de Agustí Massana, también de nombre Agustí, fundó en 1929 la Escola Massana de diseño a la que cedió el edificio en el que está instalada, parte del antiguo Hospital de la Santa Cruz.

A propósito de Chopin

El 22 de septiembre de 2010 tuvo lugar frente el Hotel Cuatro Naciones en la Rambla de Barcelona una ceremonia muy interesante, el descubrimiento de una placa que recordaba la estancia de Frédéric Chopin en la ciudad, acaecida entre el 2 y el 7 de noviembre de 1838 cuando viajaba hacia Mallorca y entre el 14 y el 22 de febrero de 1839 en viaje de vuelta. Chopin se instaló en dicho hotel, ya existente en aquellos años, aunque en aquel momento el número correspondiente de la Rambla era el 35 y hoy en día es el 40. Fue un honor para la ciudad, como se ha recordado ahora, pero un detalle muy poco caballeroso se disimuló con ocasión del homenaje de 2010. Tras su paso por el hotel en el viaje de vuelta, cuando se conocía ya que padecía tuberculosis, la dirección le facturó el colchón, la cama y la ropa de cama que, según el director, debían quemar, pues la tuberculosis, una grave enfermedad, es contagiosa y en aquella época no tenía cura.

Rapsodia barcelonesa

En abril de 1843 se inauguraba en Barcelona el Teatro Nuevo, ubicado en los terrenos que hoy ocupa la Plaza Real, parte del antiguo convento de los Capuchinos destruido en 1835. El teatro tuvo una efímera vida, solo hasta 1848 en que se derribó para abrir la bella plaza porticada, pero tuvo un gran prestigio durante su corta duración. Como constancia queda el paso por sus escenario nada menos que de Franz Listz, compositor y pianista, suegro de Richard Wagner. Liszt llegó a Barcelona el 4 de abril de 1845 y dio tres conciertos en el Teatro Nuevo y otros tres en el salón de la Sociedad Filarmónica. El célebre compositor húngaro realizaba una gira por España dando conciertos en Córdoba, Cádiz, Valencia y Barcelona, y no había compuesto todavía su magnífica *Rapsodia Húngara número 2*.

El viejo Hotel Colón

En el año 1924, concretamente el 14 de noviembre a las seis y media de la tarde, saltaron a través de lo que entonces se conocía como "el éter", las primeras palabras de EAJ–1 Radio Barcelona, primera emisora de radio de España. La emisión se hizo desde el Hotel Colón, situado entonces en la Plaza de Cataluña, en cuya terraza se instaló una antena de 30 metros de altura y se inició con la voz de María Sabaté y la interpretación de la pieza *Granada* de Isaac Albéniz ejecutada en directo por el Trío Torné. El lugar del hotel lo ocupa hoy el edificio neoclásico que perteneció al Banco Español de Crédito y a Caja Madrid y actualmente (finales de 2012) se encuentra en desuso y parcialmente desocupado. El hotel, construido en 1902, fue derribado en 1942 y la razón no fue otra que el hecho de que, durante los años de la Guerra Civil, había sido confiscado y utilizado como sede del PSUC, el Partit Socialista Unificat de Catalunya, integrado en el Partido Comunista de España.

Los inicios de Radio Barcelona

Josep María de Guillén y Eduard Solá fueron los impulsores de aquella primera emisora, hoy integrada en la SER. En solo un mes se calcula que se instalaron 80.000 receptores en Barcelona y más de medio millón en toda Cataluña. En 1927 Radio Barcelona EAJ–1 se asoció con Radio Madrid y empezó a emitir en cadena con Unión Radio.

Llegó el diluvio

En la esquina de la Baixada de Sant Miquel y la calle Avinyò estuvo desde el 10 de febrero de 1879 la primera redacción del diario barcelonés *El Diluvio*, curioso nombre para un periódico pero que tiene su explicación. *El Diluvio* no era otro que *El Telégrafo*, cerrado por orden del fiscal Mariano de la Cortina, y que había cambiado de nombre innumerables veces para sortear los cierres y suspensiones con que la censura le obsequiaba día sí y día también. Su editor Manuel de Lasarte Rodríguez Cardoso y su ayudante (y cuñado) Ferran Patxot decidieron poner de nombre a la nueva cabecera *La Cortina*, pero advertidos por el fiscal de que antes que permitir semejante cosa "el diluvio", le tomaron la palabra y así bautizaron al periódico: *El Diluvio*. El periódico sobrevivió hasta el final de la Guerra civil de la mano de Manuel Lasarte Aran, hijo del fundador y editor en aquellos años, en su nueva sede de la calle Consell de Cent, 345, pero el 25 de enero de 1939, un día antes de la entrada de los franquistas en Barcelona, cerró definitivamente. Manuel Lasarte fue detenido y expropiado. Murió en la cárcel Modelo en abril del mismo año.

Periódico en castellano, republicano y anticlerical, muy
popular en Barcelona por sus campañas contra la
administració municipal y por la sistemática oposición a todo.

El histórico Teatro Principal

El edificio del numero 27 de la Rambla alberga todavía el que fue primer teatro de Barcelona, el Principal, aunque su andadura artística terminó en 2006 después de cuatrocientos años de historia. El Teatro Principal, abierto como Teatro de la Santa Cruz a finales del siglo XVI, ha visto desfilar por su escenario magníficos espectáculos de ópera, teatro y música en general, pero hubo uno, en 1846 que pasó a la historia del teatro por otras causas. Cantaba el barítono más destacado del momento, Giorgio Ronconi, la ópera *Maria di Rohan* de Donizetti y cuando interpretaba un dúo en el segundo acto con el tenor Juan Bautista Millesi alguien soltó un gato desde los asientos más altos del teatro. El felino recorrió unos cuantos palcos, saltó por una barandilla y fue a caer primero en las rodillas de un espectador de platea y luego salió disparado por el escenario hasta perderse entre bambalinas. La función se suspendió con el consiguiente alboroto, pero reanudada, dos gatos más cayeron del mismo modo, uno en el tercer acto cuando cantaba Ronconi y otro al punto de terminar la obra.

El Principal, el primer teatro de Barcelona, 1830.

Una commemoración casi esperpéntica

El 28 de octubre de 1848, otro acontecimiento rozó el esperpento. En ese día se inauguró el primer ferrocarril que entró en funcionamiento en España, entre Barcelona y Mataró, y para conmemorar tan magnífico acontecimiento se programó una función especial en el Principal. El acto consistió en la ópera *La fidanzata corsa* de Paccini y un recital de la soprano Guilia Sanchioli, pero en el entreacto se montó una *perfomance* que llamaríamos hoy en día, con "el trono regio", como decía el programa, "un retrato de Su Majestad", la reina Isabel II, con dos alabarderos custodiándolo, y la marcha real de fondo musical. En realidad lo único más o menos real fue el retrato pues los supuestos "alabarderos" eran dos figurantes vestidos de cualquier modo y armados con algo parecido remotamente a una alabarda. La iluminación fue de lo más exigua pues, al no haber gas en el teatro, hubo que recurrir a velas y la representación acabó con un recital de poesías.

5. Barcelona negra y criminal

La otra ciudad, rebelde, dura y violenta

Alrededor de los Juegos Olímpicos de 1992 se fue tejiendo una Barcelona ideal, amable, receptora de visitantes, abierta al mar al turismo con un clima ideal, buenos servicios públicos, de un tamaño "a la medida del hombre" como decían los antiguos griegos, pero a nadie se le escapaba que al otro extremo del "parque temático Barcelona" había una ciudad rebelde, a veces violenta, dura y que a la tradición de ciudad fronteriza que era en la Edad Media añadió la de terreno de las luchas sociales, del pistolerismo de los años veinte del siglo pasado, de puerta de entrada del crimen organizado europeo y espacio de tránsito de la droga hacia Europa Y eso también es Barcelona. Asesinos y ladrones los ha habido en todas las épocas y en Barcelona hay huellas de ello.

Su antiguo Barrio Chino, reconvertido en El Raval, sus barrios marginales como el Somorrostro o La Mina, las grandes concentraciones de inmigrantes de los sesenta como Nou Barris fueron el terreno de cultivo de una delincuencia que hoy en día ha adquirido connotaciones globales. Asesinos, atracadores, traficantes o humildes carteristas forman parte también de la fauna urbana. Y los policías, no olvidemos a los policías que han vivido en primera persona el desarrollo de una delincuencia de "estar por casa" que se ha convertido en algo mucho más peligroso y que alcanza a estamentos muy altos de la sociedad.

El librero asesino

En los soportales de la actual calle Consolat de Mar, cuando se llamaba Voltes dels Encants, allá por la segunda mitad del siglo XIX, hubo una librería propiedad de alguien llamado don Vicente, un apasionado librero que, al parecer, había sido monje en Poblet obligado en 1835 a abandonar el convento cuando la desamortización y la revolución liquidaron tantos cenobios. Una leyenda contada por Ramon Miquel i Planas[34], afirma que el librero era tan sumamente fanático de las joyas literarias que aquella malsana afición le llevó al crimen. Cuenta Ramon Miquel que cuando don Vicente intentó hacerse con un ejemplar de un incunable titulado *Furs de València*, perdió la puja y el libro acabó en manos de un competidor llamado Agustí Patxot que tenía otra librería en la misma calle. Furioso, don Vicente prendió fuego a la librería de su contrincante causándole la muerte. Poco después aparecieron dos cadáveres más, el de un intelectual alemán y el de un sacerdote de algún pueblo cercano a Barcelona, ambos muy aficionados a los libros. Las pesquisas policiales les llevaron a la librería de Don Vicente donde encontraron libros propiedad de los asesinados. Finalmente, el librero asesino acabó confesando sus crímenes.

El asesino redimido

El lateral de la plaza Villa de Madrid está formado por la calle d'En Bot, nombre curioso que debió pertenecer a alguna familia propietaria de los terrenos donde se abrió la calle o donde se instaló el convento de Santa Teresa de hermanas Carmelitas y en cuyo subsuelo apareció la necrópolis romana que hoy se puede admirar en la plaza. Una de las explicaciones al nombre de Bot podría ser la relatada por Joan Amades y que cita una antigua leyenda de finales del siglo XV según la cual un hombre apellidado Bot que vivía en esa calle tuvo una desgraciada pelea con un vecino al que mató en un ataque de rabia. Huyendo de la justicia, Bot se alistó en algunos de los ejércitos que luchaban en Italia contra los turcos. Peleó como un héroe hasta el punto que fue honrado y reconocido por el ejército y el país el que había servido. Terminada la guerra, muchos años después, regresó a su Barcelona natal como ciudadano extranjero y como tal la justicia

---

34. *La llegenda del llibreter assassí, Barcelona 1928.*

no pudo actuar contra él y cuando murió, rodeado del afecto y la admiración de sus vecinos, dieron su nombre a la calle donde había vivido.

El joven y el cementerio

Los cementerios, por propia definición, tienen siempre su leyenda negra, y el que existió en la parroquia de Sant Felip Neri, más o menos por donde hoy está la plaza del mismo nombre, la tenía especialmente porque en el se enterraban a los reos de ahorcamiento. En algún cercano, del que no hay constancia exacta, existió una taberna conocida como Can Cardona a la que solían acudir los jóvenes de las familias adineradas de la época, el siglo XVII, porque la proximidad del cementerio daba cierto aire de valentía a los vástagos de aquellas familias. Se cuenta[35] que una noche salió de la taberna especialmente borracho el joven de la familia Sants que tenía su palacete muy cerca, en la calle que lleva el nombre del Pi y en aquellos tiempos era una riera. El joven a pesar de la oposición de su amigo, decidió que, como muestra de osadía, pasaría por el interior del cementerio para dirigirse a su casa, algo que todo el mundo trataba de evitar. Así lo hizo él solo hasta que el joven hereu de los Sants tropezó con una calavera y, como si se tratara del príncipe Hamlet, se puso a hablar con ella. En su borrachera invitó a la calavera a cenar con él y para acabar la conversación le dio una patada y la lanzó lejos de sí. Todo acabó muy mal como era de esperar, pues mientras cenaba, solo, unos fuertes golpes en la puerta de su casa anunciaron al convidado, el muerto, que se presentó a aceptar la invitación y la impresión fue tal que el joven cayó muerto al instante.

---

35 La leyenda es recogida por Joan Amades.

Un triste suceso

En el capítulo correspondiente al distrito de Sants–Montjuic, el libro *Secrets dels barris de Barcelona*[36] hace referencia al asesinato de Josep Sol i Padrís, director de la fábrica textil de los Güell, conocida como El Vapor Vell. Fue el 2 de julio de 1855 en el marco de la primera huelga general convocada en Barcelona y que pedía el reconocimiento de los derechos de los trabajadores. Sol Padrís discutía en aquel momento un asunto de salarios con una comisión de sus trabajadores, aunque su muerte no parecía tener ninguna relación con aquella negociación. Sol i Padrís había nacido en el corazón de la vieja Barcelona, en la plaza de Traginers, llamada entonces de Arrieros, y además de empresario fue un destacado periodista, poeta y escritor, muy comprometido en la defensa del proteccionismo de la industria catalana frente el librecambismo impuesto desde el Gobierno central en aquellos años, por lo que a veces su asesinato se ha relacionado más con ese hecho que con las luchas obreras.

Vapor Vell, fábrica textil moderna que se instaló en el antiguo municipio de Sants.

El primer ejecutado

Ramon Casas pintó en 1894 el cuadro *El garrote vil*, donde plasmó la ejecución con ese instrumento del joven Aniceto Peinador, de 19 años, condenado por asesinato. La ejecución de Peinador a garrote vil era la segunda acaecida en Barcelona por ese sistema después de treinta años sin que se hubiera ejecutado ninguna otra, pero la que inauguró esta nuevo periodo tuvo lugar dos años antes en la persona de Isidro Monpart Prats, ejecutado en garrote vil el 16 de enero de 1892. Monpart, de 22 años, fue hallado culpable de la muerte de dos niñas de 5 y 11 años

36. José Luis Caballero, Robinbook, 2011.

respectivamente, aunque a ojos de la época fue de una niña, 5 años, y una joven, de 11, que trabajaba como criada. Monpart entró en la casa de la familia Serra donde se encontraba Teresa Solé arreglando las habitaciones y la niña Carmen Serra, todavía dormida. El asaltante había degollado a las dos niñas y luego se había apoderado de un magro botín, unas ochenta pesetas, y algunas joyas. En juicio popular fue encontrado culpable sin paliativos y condenado a muerte.

Escuela de virtud

Nada más entrar en la calle Hospital viniendo de La Rambla se encuentra, a mano izquierda, la Plaza de Sant Agustí, abierta en parte en el solar que ocupó el Convento de San Agustín construido entre 1728 y 1750 y que fruto de la desamortización, perdió toda la parte delantera que corresponde a la plaza y fue transformado en iglesia parroquial que mantiene el nombre de Sant Agustí. En esa iglesia tuvo su sede la Escuela de virtud, una escuela de catequesis fundada por el fraile carmelita Francisco Palau Quer en 1851, pero que en la práctica funcionó como un club reaccionario y antirrepublicano que se vio implicada en tumultos y manifestaciones contra la primera República, por lo que fue clausurada en 1854. Francisco Palau fue confinado en la isla de Ibiza hasta 1857 en que volvió a la península y fundó el colectivo de anacoretas que se estableció en Sant Genís del Agudells, en la actual calle de Penitents.

Se acabó el espectáculo

El día 15 de junio de 1897 tuvo lugar la primera de las ejecuciones a garrote vil que prescindió del público, parecía pues que la civilización, aunque aún le quedaba mucho por recorrer, empezaba a llegar a la Justicia española. El ejecutado fue un barcelonés llamado Silvestre Lluís que había sido sentenciado a muerte por el asesinato de su mujer y sus dos hijas, atribuido según los diarios de la época[37], sin pruebas fehacientes. Lluís fue ejecutado, pero unos años después, en 1901, el juicio se reabrió cuando se descubrió la implicación de otro hombre, Florencio Rosich, cuñado de Lluís. Poco después, la Justicia debía reconocer su espantoso error, Silvestre Lluís era inocente del crimen por el que fue ejecutado y en nuevo juicio condenaron, también a muerte, claro, a Florencio Rosich. Pero a Silvestre Lluís el esclarecimiento de la verdad ya no le sirvió de nada.

El atentado contra Cambó

En la esquina donde se unen la Via Laietana y la calle de Jonqueres se alza el monumento a Francesc Cambó, obra del escultor Víctor Ochoa que, para los que lo ignoran, es también el autor de la estatua que preside el mausoleo del torero Paquirri en el cementerio de San Fernando de Sevilla. Figura controvertida, Francesc Cambó fue diputado, empresario y uno de los personajes más destacados y más ambiguos en la convulsa sociedad catalana de la primera mitad del siglo XX. Uno de los colectivos más enfrentados a Cambó fue el Partido Radical de Alejando Lerroux que orquestó contra él un atentado el jueves 18 de abril de 1907. El hecho tuvo lugar en la carretera de Hostafranchs cuando Cambó acompañado de varias personalidades se dirigía a pronunciar un mitin en el Ateneo de Sants. Frente al número 3 de la calle Consell de Cent, donde existía un Ateneo Obrero, un numeroso grupo de hombres armados de pistolas y revólveres dispararon una auténtica descarga contra el coche de caballos en el que circulaban Cambó, Salmerón, Nubiola y otros destacados miembros de Solidaridad Catalana. Cambó resultó herido en la espalda y atendido en la farmacia Vergés existente en la carretera de Sants.

---

37. *La Vanguardia*, 28 junio de 1901.

Las moscas, testigos de un crimen

El dramaturgo Anton Ferrer i Codina escribió una obra de teatro, estrenada en el teatro Romea en abril de 1904, con el nombre de *El crim del carrer de les Mosques* que hacía referencia a un luctuoso suceso. La calle de Les Mosques, paralela al Paseo del Born, es tenida por la más estrecha de la vieja Barcelona y seguramente lo es, pero aparte de que en ella hubo instalado un burdel, tenía una historia, mezcla de leyenda y de obra teatral. Se trataba de un crimen que tuvo lugar en una época indefinida, tal vez en la baja Edad Media cuando la pequeña calle era solo un vertedero de los restos del contiguo mercado del Born. En ella hubo un crimen, un hombre asesinado, que tardó años en esclarecerse y que, cuenta la leyenda, las moscas, únicas testigos del suceso, acosaron al autor en su lecho de enfermedad hasta que él mismo confesó el crimen y sufrió la horca por ello.

Criminales y espías

En el número 32 de la calle Tapineria, hoy en día desaparecido por la profunda reforma de la calle, tuvo lugar el 10 de diciembre de 1919 una importante reunión presidida por Ramón Sales, requeté tradicionalista y sindicalista. En ella, Sales y dirigentes tradicionalistas, de extrema derecha, fundaron lo que llamaron Corporación Nacional de Trabajadores-Unión de Sindicatos Libres de España, un grupo de pistoleros bajo contrato de la patronal catalana. Cinco días antes un comando de la CNT había asesinado al comisario Bravo Portillo, otro pistolero a sueldo contratado por el Gobierno Civil para reprimir a los sindicalistas de la CNT. En una fecha posterior a esa, sin que conste exactamente cuándo, el jefe de Policía, Arlegui, contrató los servicios de un personaje siniestro conocido el Barón König, alemán, cuyo nombre auténtico era Rudolf Stallman.

Un agente doble

Stallman, estafador, espía y aventurero era perseguido en su país por delincuente y en Francia por agente doble. En 1920 fue expulsado de España, recaló en París y luego desapareció hasta el final de la Segunda Guerra Mundial. Como todo buen agente doble del espionaje nunca se supo exactamente para quién trabajaba y en 1945, después de ser detenido por los aliados en Alemania fue puesto en libertad y murió en un extraño accidente.

Un crimen político

En el numero 274 de la calle Dos de Mayo, una estrecha puerta encajonada entre una corsetería y un restaurante, se produjo el día 17 de julio de 1919, a la 1 de la madrugada, el arranque de uno de los deleznables crímenes de la época barcelonesa conocida como el pistolerismo. A esa hora, cuatro individuos pertenecientes al llamada Sindicato Libre, se presentaron haciéndose pasar por policías y detuvieron a Pau Sabater, sindicalista secretario del ramo de Tintoreros de la industria textil. En presencia de amigos y conocidos le metieron en un coche que enfiló hacia las afueras de la ciudad, el sector conocido como Camp de l'Arpa. Según todos los indicios, Sabater se resistió a bajar del coche en un descampado, pero finalmente fue reducido y tiroteado a mansalva, seis disparos, dos de los cuales resultaron mortales.

Pistoleros

Como venganza por el crimen, el día 5 de septiembre, pistoleros anarcosindicalistas asesinaron también a tiros a Manuel Bravo Portillo, ex comisario de policía y dirigente de los pistoleros de la patronal agrupados en el Sindicato Libre. Bravo Portillo fue asaltado en el cruce de las calles Còrsega con Santa Tecla, en el barrio de Gràcia, y murió en el acto.

Manuel Bravo Portillo fue asesinado por anarcosindicalistas radicales, en represalia por el asesinato de Pau Sabater, presidente del Sindicato de tintoreros de Barcelona

El crimen de la gaseosa

El edificio correspondiente al número 27 de la calle de Trafalgar vivió el día 19 de diciembre de 1927 un suceso que pasó a la historia negra de la ciudad como "el crimen de la calle Trafalgar", uno de esos sucesos que, siguiendo las crónicas periodísticas de la época, centraron la atención de la prensa y los ciudadanos durante muchos días. El cadáver de un vecino del inmueble, Mariano García Oñoro, apareció tirado en la escalera a primera hora de la mañana de aquel día. Del crimen fue acusada su esposa, Josefa Fuentes que, tras el interrogatorio a que la sometió el juez instructor, hizo un pormenorizado relato de la pelea que sostuvo con su marido iniciada, según la crónica, por la molestia que causaba el humo de la cocina al fallecido. La muerte, según confesó la esposa, le sobrevino a causa de los golpes en la cabeza con una botella de gaseosa.

Crimen pasional

En la madrugada del día 3 de mayo de 1929 era detenido en Barcelona Ricardo Sánchez, conocido como *Ricardito*, por el crimen cometido en la persona de Pablo Casado, la persona para la que trabajaba como criado. Según acabó confesando el acusado, *Ricardito* y Pablo mantenían una ambigua relación[38] , calificada de homosexual por muchos testigos, y el conflicto estalló cuando el criado se enteró que su señor pensaba despedirle y marcharse de España. Esa misma noche, tras una violenta escena, *Ricardito* esperó a que su señor durmiera para asestarle varios golpes en la cabeza con una plancha hasta causarle la muerte. Para intentar deshacerse del cadáver, *Ricardito* le cortó la cabeza, brazos y piernas y luego embaló los trozos en una caja de madera que envió a Madrid donde fue descubierta en el almacén de mercancías de la compañía de ferrocarriles. El luctuoso suceso tuvo lugar en el número 55 de la calle de Orteu de Sarrià, desaparecida tras la ampliación de la calle de Balmes.

Atracadores, anarquistas y fantasmas

El día 30 de marzo de 1934, la policía de Barcelona se apuntó un notable éxito al detener a una banda de atracadores que tenía atemorizada la ciudad. El hecho se produjo en la plaza de las Glorias donde se montó un espectacular operativo que incluía la llegada de los agentes en un tren recién salido de la estación del Norte al que hicieron detenerse pulsando la alarma. Los atracadores, relacionados con grupos ácratas, eran los responsables de diversos atracos en Barcelona, entre ellos al recaudador de la empresa cinematográfica Cinaes, antecedente de Cinesa, Diego Gutiérrez de Guevara, al que asesinaron de varios disparos y sustrajeron la recaudación justo frente al cine Miria. En un garaje de la calle Juan Comas del barrio de Sant Martí la policía pudo hallar también al conocido como "auto fantasma", el vehículo que los atracadores utilizaban para sus fugas.

---

38. Joseph Losey retrató una relación semejante y magistral en la película *The Servant* con Dirk Bogarde como protagonista.

El caso de La Criolla

En julio de 1936, poco antes de la rebelión militar, fue asesinado en la calle del Cid un individuo al que se conocía como Pep de la Criolla pues era un asiduo del local que llevaba ese nombre, "Bar, café y dancing", y que se encontraba en los bajos del número 10. La calle dedicada al ilustre guerrero, que circula del Paralelo a la Avenida de las Drassanes, era en los años veinte y treinta del siglo pasado parte de la zona más degradada de lo que entonces se llamaba el Barrio Chino que la apertura de la Avenida de Las Drassanes y remodelaciones sucesivas han cambiado totalmente. La Criolla pasó a la historia por ser el local más sórdido de Barcelona desde 1925 hasta su cierre en 1938. En aquel local, tenía lugar la mayor reunión urbana de travestís, prostitutas, carteristas, traficantes, borrachos y crápulas de todo Barcelona y durante unos años fue incluso el preferido de ciertas clases pudientes a las que encantaba mezclarse con la plebe. Se daban en él toda clase de transacciones, desde morfina y cocaína hasta servicios sexuales de la más variada índole y las peleas y los tiroteos eran frecuentes.

El crimen del Ritz

El diario *ABC* se hacía eco en su edición del día 12 de enero de 1956 de la detención en un tren cerca de la frontera de Portbou del ciudadano austriaco Sigfried Neuman, presunto asesino del británico de origen indio Huchand Chandrai acaecido el domingo anterior, día 8, en el hotel Ritz de Barcelona, en el cruce de la Gran Vía con la calle de Llúria. Según el relato del periódico, tras una violenta discusión por un asunto de negocios, Neuman atacó a Chandrai con un objeto metálico contundente que le causó importantes heridas en la cabeza y luego le seccionó el cuello con una navaja de afeitar, con tal violencia, que le seccionó la faringe y la tráquea. El asesino intentó huir, primero en un taxi hasta Calella, y allí subió al tren donde fue detenido por la policía.

Un plan sencillo

La historia del asesinato de Mercedes Noel, acaecido en diciembre de 1962, tiene todos los ingredientes de una película de los hermanos Cohen, una historia negra con sus problemas económicos, su crueldad, nocturnidad y un alto grado de eficacia policial. Todo empezó con la relación profesional entre Mercedes Noel Gratacós y su asesino José María Giménez, profesor de la autoescuela donde ella se sacó el carnet de conducir. La relación entre profesor y alumna se convirtió en una relación de amistad, según el relato de la prensa de la época, hasta el punto que ella financió con su dinero, unas 400.000 pesetas de la época, la instalación de una academia de conducción propia de José María. Cuando se enfriaron las relaciones entre ambos y Mercedes empezó a reclamarle su dinero todo se precipitó y él la atacó con un mazo de madera y la estranguló luego con el pañuelo que ella llevaba al cuello. Como en un guión de película se deshizo del coche de ella y en el suyo propio la llevó hasta un pozo que conocía en una finca de Sitges donde lanzó el cadáver.

Un crimen resuelto

La pista de las cuatrocientas mil pesetas desaparecidas de la cuenta de ella y los gastos de instalación de la autoescuela de él llevaron a los agentes de la Brigada Criminal de Barcelona a la sospecha fundada de que José María Giménez era el asesino. Después de arduos interrogatorios, Giménez acabó confesando aunque en un principio intentó confundir a los agentes sobre el lugar donde había arrojado el cadáver, aunque finalmente les llevó hasta el pozo.

Criminal y mito

El día 6 de diciembre de 1976, en la calle Estadella, muy cerca de donde tiene dedicada una plaza Félix Rodríguez de la Fuente, un joven desciende de un SEAT 1430 blanco e intenta sustraer un bolso por el procedimiento del "tirón" a una mujer de 58 años, Teresa Pallarés Benet. La mujer se resiste, sujeta el bolso con fuerza y la mano se le queda atrapada en la puerta del vehículo cuando éste arranca. El conductor, tratando de liberarse de ella, efectúa varias maniobras hacia delante y hacia atrás atropellando a la infortunada que resultó muerta a causa de las heridas. El autor del crimen no es otro que Juan José Moreno Cuenca, conocido ya como *El Vaquilla*, delincuente habitual elevado a la categoría de mito popular por la prensa y el cine. Con una vida entre la cárcel Modelo, la droga y el barrio de La Mina, terminó sus días en el Hospital Penitenciario de Can

Juan José Moreno Cuenca, alias *El Vaquilla*, ha sido uno de los delincuentes más famosos de Cataluña.

Ruti, Badalona, a los 43 años, a causa de una cirrosis contraída a raíz del sida.

Ni en la cárcel se está seguro

El sábado 14 de junio de 1984, sobre las once de la noche, dos certeros disparos de fusil efectuados a distancia acabaron con la vida de Raymond Vaccarizi, uno de los jefes del crimen organizado de Marsella. El tirador estaba apostado en la terraza del edificio número 30 de la calle Provenza, justo enfrente de la tercera galería de la cárcel Modelo donde Vaccarizi estaba encerrado a la espera de los trámites de extradición a Francia. El tirador, sin duda un experto, había usado un rifle de gran calibre cuyas balas destrozaron la cabeza y el pecho del gánster. Raymond Vaccarizi había sido detenido el 18 de marzo de 1983 en la edificio donde vivía en la Rambla de la Montaña 67, del barrio del Guinardó, a petición de las autoridades judiciales francesas que le reclamaban por proxenetismo, tres asesinatos y unos veinte atracos.

> ## Una ventana muy peligrosa
>
> Los casquillos y la mira telescópica fueron encontrados por la policía en la terraza y aunque en un principio se pensó que la esposa de Vaccarizi, que le llamó desde la calle para que se asomara a la ventana de la celda, podía tener algo que ver, la policía lo descartó pues era frecuente que desde las celdas con ventana a la calle, los presos hablaran con sus familiares.

Una bucólica plaza

Muy cerca del Monasterio de Pedralbes, el rey Jaume II tiene dedicada una plaza circular, absolutamente bucólica que parece sacada de un cuento, con su césped verde y una gran encina en su borde exterior. La paz de ese lugar se rompió violentamente el lunes 9 de mayo de 1977 cuando una tremenda explosión despedazó el cuerpo de Josep Maria Bultó Marqués que se encontraba en su casa, en la esquina de la calle Can Mora, en el número 1. Josep María Bultó, a solas en el lavabo de su casa, intentó quitarse la bomba que el grupo llamado Exèrcit Popular Català le había colocado en el pecho horas antes. Bultó, empresario e industrial, había sido sorprendido en casa de su hermana, en el número 387 de la calle de Muntaner y le habían exigido la entrega de 500 millones de pesetas después de colocarle el explosivo en el pecho. Bultó trató de retirarlo y el artefacto explotó matándole en el acto. Por aquel terrible crimen fueron condenados Álvaro Valls, José Luis Pérez, Carlos Sastre, Montserrat Tarragó y los dos autores materiales de la colocación del artefacto Xavier Barberá y Antoni Messeguer.

Josep Maria Bultó murió el 9 de mayo de 1977 en un atentado terrorista, después de estallar la bomba que dos militantes le colocaron al pecho, con la amenaza de hacerla estallar si no pagaba 500 millones de pesetas.

El día que el Barça perdió la Liga

El 8 de marzo de 1981, apenas unos días después del intento de golpe de Estado, el F.C. Barcelona perdió un importantísimo partido contra el Atlético de Madrid en el Vicente Calderón. El Barça perdió por un gol a cero y con esa derrota se esfumó su posibilidad de ganar la liga. Pero en aquel partido hubo algo más; el número 9 del equipo, Enrique Castro González, conocido como *Quini*, no pudo jugar. Unos días antes, el 1 de marzo, el jugador había sido secuestrado por tres individuos, delincuentes comunes, en una gasolinera en la plaza Comas cuando se dirigía al aeropuerto para recoger a su familia. Las pesquisas policiales y la escasa eficacia de los secuestradores consiguieron que Quini fuera liberado por la policía, sano y salvo, el 25 de marzo.

Muerte de un policía

El bar situado en el número 39 de la calle Sant Antoni Abat, cerca del cruce con la calle de los Salvador, ha pasado a la crónica negra barcelonesa a causa de los sucesos del día 20 de mayo de 1998. Todo se inició no lejos de allí, en el cruce las calles Sepúlveda y Villarroel cuando dos individuos armados y muy violentos atracaron la sucursal de La Caixa. Los atracadores huyeron en un taxi que abandonaron poco después, pero ya se había dado la alarma y fueron interceptados por una patrulla de la Policía Nacional en la calle Sant Antoni Abat, muy cerca del bar. Sin pensárselo dos veces, Dino Marcelo Miller Martínez hizo varios disparos sobre el policía Javier Guerra Hidalgo, de 25 años, natural de Badalona y recién casado causándole una mortal hemorragia. Acorralado, el atracador se refugió en el bar donde amenazó a los dueños y tras un tira y afloja acabó por entregarse.

El crimen del extraterrestre

La estación de metro llamada Navas, de la Línea 1, uno de los extremos del llamado Metro Transversal, fue inaugurada en 1952 con el nombre de Navas de Tolosa y curiosamente es la única que lleva un número de toda la línea de metro, el 32. Esa estación pasó a la crónica negra de la ciudad el día 22 de febrero de 2007 cuando las cámaras de seguridad de la estación, grabaron en directo un trágico crimen que conmocionó a la opinión pública. Un joven de 29 años, David F. que se paseaba por el andén del metro, se colocó de pronto la capucha de su parka para ocultar su cara, se situó detrás un hombre que esperaba el metro y sin mediar palabra le empujó cuando un tren entraba en la estación. El hombre, de 40 años, falleció inmediatamente arrollado por el convoy. Era la primera vez que sucedía en Barcelona algo semejante y el agresor fue perseguido y retenido por los usuarios del metro hasta la llegada de la policía. En el juicio, celebrado en septiembre de 2008, el acusado alegó que un extraterrestre, llegado en un platillo volante, había cometido el homicidio y luego le había obligado a cambiar su ropa a punta de navaja. Finalmente el acusado fue condenado a 14 años de cárcel con la eximente de enajenación mental parcial.

Venganza

El día 27 de julio de 1978 Diego Lancho Moreno, acusado de participación en varios atracos, de falsificación de documentos y de otros delitos, llamó a la puerta de un piso del número 131 de la calle Alí Bey. Le abrió la inquilina y sin mediar palabra, Lancho Moreno accedió al interior de la vivienda donde se encontraba el padre de la joven, Aurelio Albarracín Berzosa, de visita en casa de su hija y le disparó con un revólver matándole en el acto. Días después, Diego Lancho era apresado a raíz de la detención de dos de sus cómplices en diversos atracos y de las pesquisas policiales se dedujo que el crimen tuvo que ver con las declaraciones del asesinado contra un amigo de Lancho Moreno encarcelado en la Modelo.

El primer incendio del Liceo

El 31 de enero de 1994, Barcelona vivió una de esas jornadas aciagas comparable a la del 26 de noviembre de 1991 en Bari o a la que posterior del 29 de enero de 1996 en Venecia. El gran teatro del Liceo sufrió un pavoroso incendio que destruyó por completo el gran coso operístico de la ciudad a solo dos años del resurgir de la ciudad con los Juegos Olímpicos. Menos conocido es el incendio que tuvo lugar el 9 de abril de 1861 y que destruyó completamente el escenario y la platea del teatro, es decir, prácticamente el teatro entera como diría la crónica del *Diario de Barcelona* de la época: "¡El magnífico y Gran Teatro del Liceo de S.M. la Reina Isabel II no existe!". El incendio debió producirse en uno de los telares de la sastrería del teatro poco después de las siete de la tarde. En un local hecho todo él de materiales altamente inflamables no fue posible controlar el fuego y en tres horas, el teatro ardió casi por completo. La gran diferencia con el incendio de 1994 es que en aquella ocasión, a falta del equipado cuerpo de bomberos de la actualidad, junto a los profesionales de la época lucharon contra las llamas los vecinos, los trabajadores del teatro, soldados, policías e incluso transeúntes que se unieron al esfuerzo transportando cubos de agua.

Falta de pruebas

Los vecinos del bloque 68 de la calle Córsega no olvidarán el domingo día 22 de abril de 2001. Sobre las diez y media de la mañana, una persona o personas, accedieron al edificio aprovechando que una mujer y su hija salían en ese momento y subieron hasta el 7º B donde vivía la mujer que acababa de salir y su esposo Jordi Berraondo Cavallé, hermano del periodista Eduard Berraondo. Al parecer el asesino llamó al timbre y al abrirle Berraondo le disparó hasta seis veces con un revólver causándole la muerte instantánea. El fallecido era delegado en una oficina La Caixa situada en la calle Escorial y las investigaciones concluyeron que no había ninguna causa probable para que fuera víctima de una venganza o cualquier otro turbio asunto. Poco después, su esposa y el padre de ésta fueron detenidos bajo la sospecha de ser los inductores del asesinato dadas las malas relaciones existentes en el matrimonio y el cobro de cuantiosas indemnizaciones por la muerte que llegaban a los cincuenta millones de las antiguas pesetas, pero finalmente, el juez ordenó la libertad sin fianza de los detenidos y el archivo del caso por falta de pruebas.

6. Barceloneses

Dejaron su huella

Todo el mundo ha oído hablar alguna vez de barceloneses ilustres. Francesc Pi i Margall, Rius i Taulet, Juan Antonio Samaranch, Montserrat Caballé, Joan Capri o Santiago Rusinyol, todos ellos y muchos otros nacidos en la Ciudad Condal, pero cuando hablamos de Francesc Cambó, de Macià, de Companys o de Josep Tarradellas, de Anselmo Lorenzo, de Buenaventura Durruti o de Roger de Llúria y Wifred el Pilòs, por seguir una línea política, resulta que no nacieron en Barcelona, pero ¿hay alguien más barcelonés que todos ellos? Otros, nunca considerados hasta el punto de aparecer en la Historia y algunos más que nunca debieron formar parte de ella. Así pues, con un criterio más abierto hablemos de barceloneses como de todos aquellos que dejaron su huella en nuestra ciudad, por pequeña o por nefasta que sea, porque de todo ha habido, barceloneses que vivieron, trabajaron o murieron en la vieja Colonia Iulia Augusta Faventia Paterna Barcino.

Catalanes ilustres

En el número 3 de la calle Bisbe Caçador, en al Palacio Requesens, tiene su sede la magnífica colección de retratos conocida como Galeria de Catalans Il·lustres, efigies de personalidades de la vida política cultura y artística del Principado en toda su historia. Fue en 1849 cuando una comisión municipal ideó que una sala del Archivo de la ciudad fuera dedicada a coleccionar retratos de hombres ilustres. La cosa fue muy lenta y no fue hasta 1873 que se inauguró dicha sala pero no en la ubicación pensada treinta años antes, sino en el Salón de Cent del Ayuntamiento. ¿Qué personajes ini-

Entrada de la Reial Acadèmia de Bones Lletres, donde se encuentra la Galeria de Catalans Il·lustres.

ciaron la colección? Pues dos Antonis: Antoni Campmany y Antoni Viladomat, el primero historiador filólogo y político, nacido en Barcelona en 1742 y muerto en Cádiz en 1813 después de participar en la redacción de la Constitución de 1812 y el segundo, pintor de fama mundial que vivió entre 1678 y 1755. El nombre de la calle, Bisbe Caçador, se refiere no a la cualidad cinegética de dicho obispo, sino a su apellido familiar. Guillem Caçador fue conseller además de obispo y participante en el trascendental Concilio de Trento.

Hércules, fundador de Barcelona

De la calle Ciutat parte la callejuela dedicada a Hércules, el Heracles griego, que finaliza en la cercana plaza de Sant Just y en el cruce del Paseo de Sant Joan con la calle Còrsega luce una estatua del semi dios griego, obra de Damià Campeny. Todo tiene su explicación. Del mismo modo que la fundación de Roma o de Cartago se unió a la legendaria Troya, la de Barcelona se la quiso enlazar con los dioses o semidioses y se urdió la leyenda de Hércules como fundador de la ciudad, lo que la convierte en mucho más antigua que la misma Roma. Según esta leyenda, recogida o inventada en la Edad Media, Hércules, hijo de la reina Alcmena y del dios Zeus, se unió a Jasón para buscar el vellocino de oro con una flota de nueve naves. Una de ellas, perdida tras una tormenta en la costa catalana, fue a parar a una suave playa junto a una colina, Montjuïc, y allí la encontró Hércules. El héroe griego y sus compañeros fundaron entonces un asentamiento al que pusieron el nombre de Barca Nona (el nombre es en latín aunque ellos fueran griegos) y de ahí el nombre de Barcanona, Barcelona.

Fuente de Hércules, obra de Damià Campeny.

> ## Los bomberos de Barcelona y Hércules
>
> Menos legendario, pero no menos interesante es que en la calle
> Hércules estuvo el primer cuartelillo de bomberos de Barcelona. El
> cuerpo fue creado en 1835 con el nombre de Sociedad de Seguros
> Mutuos contra Incendios. Como arquitecto municipal, fue Antoni
> Rovira i Trias el primer jefe de bomberos, prácticamente el creador
> del cuerpo y el redactor de sus normas.

Jesús de Nazaret en Barcelona

Si hemos de hablar de personajes ilustres que han dejado su
huella en Barcelona, no podíamos dejar de lado la leyenda[39] que
explica el nombre de la montaña del Tibidabo. Nada menos que
Jesús de Nazaret dice la leyenda que estuvo en la cima de esa
montaña, es de suponer que entre el año 1 el 33 de nuestra era,
cuando ya existía Barcelona como un
asentamiento layetano en el monte Táber. La
leyenda explica que se produjo ahí el episodio
contado en el Evangelio según el cual, el
demonio para tentar a Jesús le llevó a lo alto
de un monte y le dijo, en latín, "haec omnia
tibi dabo se cadens adoraveris me" o lo que es
lo mismo: "todo esto te daré si postrándote
ante mí, me adoras". El espectáculo era

Temple Expiatori del Sagrat Cor.

realmente tentador, una pequeña aldea sobre una elevación del
terreno, unas tierras fértiles cuajadas de cultivos, las del Llobregat,
y una zona, la del Besós con abundantes cursos de agua y todo
ello con el bello Mediterráneo de fondo. De todos es sabido que
Jesús de Nazaret no aceptó el trato, pero quedó como Tibi Dabo
el nombre del monte desde el que fue tentado. Y aunque de
características negativas, no hay que olvidar al otro protagonista
de la historia, el diablo, que frustrado voló hasta Martorell,
dejando su huella en el puente que lleva su nombre.

39. *Llegendes de Barcelona*, Joan de Deu Prats.

El centurión que amaba Barcino

En la obra del abogado e historiador Jerónimo Pujades Crónica *Universal del Principado de Cataluña*, se cita expresamente al ciudadano romano Lucio Cecilio Optato que, después de toda una vida en la legión, donde alcanzó el grado de centurión (lo que hoy sería un capitán) quiso instalarse en Barcino, donde había servido con la VII legión Geminae Felicis, y donde vivió prósperamente hasta su muerte siendo elegido en diferentes ocasiones edil de la ciudad y sacerdote. Lucio Cecilio Optato había formado parte también de la XV Legión Apollinaris, y al morir dejó una cantidad notable, siete mil quinientos denarios, para la celebración anual en Barcino de un espectáculo de pugilato en el mes de junio. El testamento, grabado en piedra, se encuentra en el Museo de Arqueología adonde fue trasladada de su primitivo emplazamiento, empotrada en un muro de la esquina de las calles Arlet y Hércules.

Publio Daciano

En la historia antigua de Barcino y también en la de casi toda la Península Ibérica, aparece continuamente la persona del prefecto imperial Publio Daciano que por su protagonismo en Barcelona en los casos de Eulàlia, Cugat, Félix y otros muchos cristianos, bien merece el calificativo de barcelonés, aunque desde luego es lícito considerarle un elemento negativo. De Publio Daciano no existe reseña alguna en los historiadores romanos y de su existencia solo hablan las crónicas cristianas muy posteriores a las persecuciones que se citan. Sí es cierto que durante el imperio de Maximiano y Diocleciano se realizó una campaña contra la subversión, representada por los cristianos, y Diocleciano responsable de la parte occidental del Imperio, con la alianza de Galerio, su presunto sucesor, les persiguió con saña y violencia entre 301 y 311, pero en todo caso aplicando la ley y el procedimiento habitual que incluía tortura, amputación y decapitación. La historiografía cristiana afirma que Diocleciano comisionó al referido Publio Daciano para llevar su persecución a Hispania. Fuera o no Daciano el ejecutor, lo cierto es que la represión de los cristianos hispanos fue un hecho.

Eulàlia de Barcino

En la Plaza del Pedró se puede admirar la estatua de Santa Eulàlia, obra de Frederic Marès, coronando la fuente inaugurada en 1826 dentro de las obras de saneamiento del marqués de Campo Sagrado, Capitán General de Cataluña. La estatua original, de Lluís Bonifàs, colocada en una pirámide en el mismo emplazamiento en 1673, fue destruida en los primeros dias del alzamiento de los militares en 1936 y en 1952 se colocó la nueva, obra de Marès. Según la tradición cristiana, Santa Eulàlia sufrió tormento por su fe cristiana en la época del emperador Diocleciano y crucificada desnuda en el mismo lugar que hoy preside su estatua. La leyenda sobre Eulàlia de Barcino se extendió a partir del siglo VII sin que conste históricamente y concuerda en todos sus detalles con otra leyenda, la de Eulàlia de Emérita Augusta (Mérida), conocida desde el siglo IV y que cita a los mismos culpables, a los duunviros Maximiano y Diocleciano y al procónsul Daciano, enviado a las provincias para erradicar el cristianismo. Más tarde, según la tradición, los padres de la Eulàlia barcelonesa, Fileto y Leda, también fueron detenidos, torturados y ejecutados. En el núero 7 de la calle del Call, parece conservarse un trozo de la muralla que rodeada el viejo castillo llamado de Catón, que era la sede de los gobernadores romanos y donde, se dice, que estuvo encarcelada Eulàlia.

Bartomeu, una leyenda de importación

Es sabido que el barrio de Sants recibe ese nombre a causa de una leyenda según la cual un numeroso grupo de cristianos fue sacrificado mas o menos en ese lugar por el pretor Daciano. Entre los sacrificados por no renunciar a la fe cristiana se encontraba, según la leyenda, Sant Bartomeu (Bartolomé), patrón del barrio, que fue despellejado vivo y, sobreviviendo a la tortura, se instaló después en el barrio conocido como El Arrabal, ejerciendo su oficio de trapero con su propia piel por encima, como un vestido. La leyenda es una importación de otra del mismo santo, discípulo de Jesús de Nazaret, que fue torturado de la misma forma pero en Armenia donde reinaba Astiages. Como en muchos otros mitos del cristianismo, este relato tiene su origen en un mito pagano, el del fauno Marsias que fue despellejado vivo por el dios Apolo cuando Marsias le ganó en un concurso de flauta. El magnífico cuadro, *El martirio de San Bartolomé*, obra de El Españoleto, se encuentra en el Museo de Arte Nacional de Cataluña y hace referencia a la versión armenia del mito.

El primer obispo barcelonés

Desde la época paleocristiana, debida a su importancia, Barcelona contó con un obispo, aunque en aquellos años, mediado el siglo IV, todavía algunos emperadores y funcionarios imperiales mantenían a los antiguos dioses enfrentados a los cristianos. El primer obispo barcelonés del que se tienen noticias es Pretextato[40] del que aparece su firma como obispo de Barcelona en actas del Concilio de Sárdica (la actual Sofía) de 347 pero del que no existe ninguna otra referencia histórica. La sede episcopal debió ser la basílica paleocristiana construida por la misma época. Ahí se han ido sucediendo las catedrales desde aquella primera, la visigótica en el año 801, otra románica en 1045 hasta que en el año de 1298 se iniciaron los trabajos para construir la actual de estilo gótico, aunque la fachada, proyectada en 1408 por Carles Galtés de Ruan, el maestro Carlí, no fue construida hasta finales del siglo XIX y principios del XX.

---

40. *España Sagrada*, Enrique Flórez y otros. Palencia, Real Academia de la Historia, 1775.

La primera monja mercedaria

En el número 21 de la calle Montcada, uno de los bellos edificios de esta antigua y señorial calle, nació Maria de Cervelló, el 1 de diciembre de 1230, que pasó a la historia eclesiástica como Santa Maria de Cervelló. Según la Orden Mercedaria a la que perteneció, era la hija única de una distinguida familia, lo que confirma su lugar de nacimiento, pero Joan Amades recoge la leyenda de que en realidad era la criada en una casa de alta alcurnia. Según la versión

Altar y sepulcro de Santa Maria de Cervelló en la Basílica de la Mercè de Barcelona.

mercedaria desde muy pequeña se sintió atraída por la ayuda a los demás y a los 18 años hizo voto de castidad. En el relato de Amades, Maria de Cervelló solía mofarse de los condenados a penas de latigazos que pasaban por delante de la casa de sus amos camino del cadalso hasta que un día fue acusada injustamente del robo de un collar y condenada a recibir los latigazos. De un modo o de otro, Maria entró en el círculo de Pere Nolasc y colaboró con la Orden Mercedaria para ayudar a cautivos y presos.

Araseri, brujo o rabino

Sylvia Lagarda–Mata recoge en su libro *Fantasmas de Barcelona* una leyenda situada en la esquina de la calle de Sant Ramon del Call con la de Marlet, en un edificio no demasiado antiguo pero vacío. En el solar donde se alza ese edificio vivió hacia el año 692 un rabino llamado Samuel Araseri, calificado por los cristianos como brujo y que tenía una hija bellísima codiciada por todos, judíos, cristianos o musulmanes. Al parecer un joven cristiano de buena familia pretendió obtener los favores de la muchacha, sin casarse naturalmente porque eso era imposible con una judía, pero al verse rechazado se enfureció y decidió asesinarla del modo más horrible. Para ello buscó al rabino/brujo, sin saber que era su padre, y le encargó un veneno doloroso y mortal, lo que el rabino confeccionó en forma de flor sin saber contra quién lo hacía. La muchacha murió entre horribles dolores y, transido de dolor, el padre huyó de la ciudad lanzando una maldición a la casa que se ha mantenido a lo largo de los años.

Una casa maldita

Una inscripción en hebreo grabada en el muro de la casa afirma que en ella vivió y murió el rabino, por lo que tal vez no sea cierto que huyó de la ciudad, lo que no desmiente ni afirma el hecho de la horrible muerte de su bella hija.

Juan Garín, Riquilda y el demonio

El rey visigodo Ataulfo tiene una calle dedicada en Barcelona que conserva en su número 4 la Capella del Palau, resto de lo que fue el Palau Reial Menor, de uso anterior al del Tinell de la Plaça del Rei. Dice la tradición que allí residió el conde Wilfred o Wifredo, llamado El Pilós o el Velloso y que en él tuvo lugar el que fue llamado "milagro de Juan Garín" y que consistió en que un hijo del conde, de solo tres meses de edad, habló con toda claridad ante el fraile Juan Garín para perdonarle, en nombre de Dios, el horrible pecado que había cometido. La leyenda[41] afirma que Juan Garín, ermitaño en una cueva de Montserrat, expulsó al demonio de la joven hija de Wifredo, Riquilda, y ante la insistencia de Wifredo accedió a quedársela durante nueve días en su cueva para atender su espíritu con la santidad del ermitaño. Garín no solo atendió el espíritu de Riquilda, sino que prestó mucha más atención al cuerpo de la joven y después la asesinó y ocultó el cadáver para evitar que se conociera su desliz. Naturalmente, la culpa de todo la tuvo el demonio en forma de macho cabrío.

---

41. El relato completo se encuentra en *Leyendas y tradiciones españolas*, Cristóbal Lozano, 1958.

Montjuïc y Berenguer Oller

Barcelona, ciudad levantisca y guerrera en tiempos pasados, tuvo un primer héroe popular allá por el año de 1285 en la persona de Berenguer Oller, un hombre del pueblo de profesión desconocida pues la única reseña directa de su persona es la que escribió Bernat Desclot en ese mismo año y recogida por Alexandre Domèmec en su libro *Cataluña Desengañada* de 1646. Según se desprende de la definición de Desclot, Berenguer Oller era un auténtico agitador de la época, con el don de la palabra y la energía suficiente como para encauzar el resentimiento de las clases humildes de la ciudad contra la nobleza, la Iglesia, los oficiales reales y los ricos. Oller consiguió reunir varios centenares de seguidores aguerridos que impusieron sus leyes en la ciudad expoliando al clero, a los nobles y a los más ricos ciudadanos y preparando un alzamiento general para el mes de abril de aquel año de 1285. El rey Pere III llegó con un ejército a la ciudad antes de que la rebelión estallara y en las oliveras que había entonces en la montaña de Montjuïc mandó ahorcar a Berenguer Oller y a siete de sus lugartenientes mientras cientos de partidarios huían de la ciudad antes de que les cerraran las puertas.

El caso de Bonanat Mir

El comerciante barcelonés Bonanat Mir no ha pasado a la historia de la ciudad, desde luego, pero su nombre figura protagonizando un hecho poco conocido de un personaje histórico, Roger de Flor. La galera en la que viajaba Mir, propiedad del ciudadano de Pisa llamado Manuccio, sufrió el día de Pascua del año 1303 el asalto de un navío pirata, o al menos eso les pareció a los que lo sufrieron. Al mando del navío iba Roger de Flor, que en aquellos momentos servía al rey de Aragón, al estilo de la época, es decir, mezclando piratería con escaramuzas contra el enemigo, en ese caso Pisa. Bonanat Mir solicitó y obtuvo que se respetaran sus bienes embarcados dado que él no era el objetivo del ataque, aunque solo teóricamente. Roger de Flor vendió todo lo obtenido en el asalto de la galera haciendo constar al comprador, Jaime Apolicio de Sicilia, que debía retornar a Mir sus propiedades, pero nunca quedó constancia de que el comerciante barcelonés recuperara sus bienes a pesar de los esfuerzos epistolares del Consell de Cent dirigidos a las autoridades sicilianas.

Roger de Flor y los almogávares

La personalidad de Roger de Flor, un gran guerrero, ha estado siempre teñida de claroscuros, como la de cualquier otro héroe medieval por cierto, con acusaciones de dedicarse a la piratería y sobre todo por el despotismo mostrado por la compañía conocida como Los almogávares que luchó en Oriente a veces a favor y a veces en contra del Emperador de Constantinopla. Sus hazañas terminaron en Adrianópolis el 5 de abril de 1305 cuando él y un centenar de jefes almogávares fueron asesinados por orden de Miguel IX emperador de Constantinopla.

Roger de Flor.

La guerra y la lana

Entre la Travessera de Gràcia y la Avenida Diagonal, a la altura de la plaza de Francesc Macià, existe un pequeño pasaje que lleva el nombre de Marimón y que según el nomenclátor municipal se dedicó a una ilustre familia barcelonesa propietaria de los terrenos de la antigua villa de Sarrià, urbanizados a raíz de la apertura del Eixample. La mansión de los Marimón, ya desaparecida, se encontraba en las inmediaciones de la iglesia de Santa Maria del Mar. Uno de los más ilustres miembros de la familia es sin duda Romeu de Marimón, que fue Conseller en Cap en el año 1337 y fiel servidor de los reyes de Aragón. Romeu de Marimón i de Montoliu, en su calidad de alcalde de Barcelona de Barcelona, envió una carta al rey Jaume II instándole a terminar su estado de guerra con Castilla para poder así, unidas ambas monarquías peninsulares, enfrentarse al monopolio francés de la lana que causaba graves perjuicios a la producción catalana. Sea por el consejo de Marimón o por otras circunstancias, el caso es que Castilla y Aragón firmaron el tratado de paz de Torrellas–Elche en 1305 después de arduas negociaciones.

Francisco y Simón de Tauris

A mediados del año de 1382 llegaron a Barcelona, procedentes de Armenia, dos frailes llamados Francisco y Simón pertenecientes a la Orden de Santo Domingo. No era habitual que dos religiosos de país tan lejano llegaran en aquella época al otro extremo del Mediterráneo, pero todavía era más extraño que el Consejo Municipal de Barcelona expidiera dos cartas de recomendación, una al Padre Provincial de la Orden y otra a Guillermo Oulomar, tesorero de cierta duquesa. Las cartas pedían para ellos protección y acogida en el convento de Santa Caterina y eran fervientemente recomendados por la autoridad civil. ¿Qué hacían en Barcelona y por qué era recomendados de aquella manera? La explicación estaba en algo tan olvidado y escondido como la esclavitud vigente en nuestra ciudad en la baja Edad Media. Los dos frailes, además de armenio, latín y griego, hablaban tártaro y otros idiomas del este como ruso, búlgaro o serbocroata. Los gobernantes de Barcelona los encontraban de extrema utilidad para entenderse con los cientos de esclavos de aquellas tierras que vivían entonces en la ciudad y a los que se pretendía instruir en la fe católica y sobre todo obtener información de ellos mediante las confesiones.

Dos genoveses perdidos

Entre 1355 y 1358, cuando se abrió la Plaça Nova frente a la Catedral, quedó abierta también la calle conocida como del Bisbe, por estar frente al Palacio Episcopal. Ya entonces debió derribarse un viejo edificio que comunicaba las dos torres romanas que flanquean la entrada a dicha calle, un edificio que albergaba una de las prisiones de la ciudad. Es probable que en aquella prisión "pernoctaran" durante una temporada dos artesanos genoveses de los que no ha trascendido el nombre pero sí las circunstancias de su detención. Al parecer fueron capturados en 1457 a bordo de una nave que los llevaba a Valencia para trabajar como maestros de brocados con Gaspar Ganot, otro genovés establecido de antiguo en aquella ciudad. Como el reino de Aragón estaba en guerra con Génova, los artesanos debían llevar un salvoconducto real para circular por el reino, pero el salvoconducto no les había llegado a tiempo y se habían arriesgado a viajar sin él. Reclamados desde Valencia, dos mercaderes barceloneses, Bertomeu Miró y Nicolás de Mediona pugnaron por quedárselos a su servicio, probablemente como esclavos, pero no hay constancia de cómo acabó la historia, aunque sí de que los genoveses abandonaron la prisión poco después.

Hasdai, el filósofo de Barcelona

Es suficientemente conocida la desgraciada persecución de los judíos barceloneses en el año 1391, cuando una turba arrasó el barrio del Call con el resultado de cientos de barceloneses de religión judía asesinados, muchos más huidos de la ciudad para salvar la vida y el resto obligados a convertirse al cristianismo bajo pena de muerte. Aquel luctuoso suceso que tuvo su colofón en el asalto al Castell Nou, una de las fortalezas de la muralla donde se habían refugiado los últimos supervivientes, privó a la ciudad de un colectivo de alto nivel cultural y de creatividad en todos los órdenes. El Call había sido durante siglos vivero de grandes personalidades de la vida barcelonesa, como Abraham ben Samuel Halevi Hasdai, filósofo y traductor, seguidor del gran Maimónides, Moshé ben Maimón. Hasdai fue un incansable traductor al hebreo de obras en árabe que están perdidas en su idioma original y solo se encuentra en sus traducciones. Muchas de sus obras se encuentra en el CSIC, el Centro Su-

Fragmento de un retablo atribuído a Lluís de Borrassà donde podemos ver la capucha y la capa que llevaban los judíos.

perior de Investigaciones Científicas y en la red existen multitud de páginas en inglés sobre él, pero apenas una o dos en español.

Lluís Borrassà

En el Museo Nacional d'Art de Catalunya, situado en la montaña de Montjuïc, figuran dos cuadros firmados por Lluís Borrassà, pintor nacido en Girona en 1360 y muerto en Barcelona hacia 1425. Uno de esos cuadros es *La Crucifixió de Sant Andreu*, fechado entre 1400 y 1415 y el otro es *Jove abocat a la finestra*, también de las mismas fechas. Tres cuadros más suponen su autoría junto a su discípulo Guerau Gener. Considerado un pintor de mediano interés, Borrassà tiene un detalle curioso en su vida. En 1415, Lluís Borrassà denunció ante las autoridades la fuga de un esclavo de su taller. El esclavo en cuestión era un tártaro al que habían bautizado, ya en cautividad, con el nombre de Lluc y que trabajaba en su taller barcelonés. Borrassà acusó a un fraile franciscano, Gabriel Cornellana, de ayudar a la huida del joven Lluc y finalmente consiguió recuperarle. El caso es que años después, a la muerte del pintor, Lluc fue liberado y se estableció en Mallorca, donde le había comprado Borrassà en 1393, y con el nombre de Lluc Borrassà desarrolló una carrera propia como pintor.

El esclavo escultor

Es también conocido el caso del escultor Jordi de Déu, de origen griego, que cambio su nombre por el de Jordi Johan. Comprado como esclavo por el escultor Jaume Cascalls, intervino en la elaboración de las tumbas reales de Poblet y en el frontal de la catedral de Tarragona. Probablemente fue liberado en el año 1400 y es entonces cuando realizó los adornos escultóricos de la fachada gótica del Ayuntamiento de Barcelona. Sus hijos, Antoni y Pere Johan también se dedicaron a la escultura. Pere fue el decorador de la fachada gótica del palacio de la Generalitat y del Castelo Nuovo de Nápoles.

Mossèn Esborra

La calle Freneria, en la parte trasera de la Catedral, tiene en la esquina con la Bajada de Santa Clara, un edificio que data del siglo XIII, en cuyos bajos existe hoy en día un restaurante y que en la Edad Media fue la casa gremial de los *freners*, o fabricantes de frenos o guarniciones para las sillas de montar. En algún edificio adyacente, ya desaparecido, vivió un hombre singular, Antoni Tallander, conocido como Mossèn Borra que, lejos de ser un clérigo, fue bufón, maestro de bufones y consejero del rey Alfonso V el Magnánimo. Tallander había nacido en Barcelona en fecha desconocida, pero se instaló en la calle Frenería en 1423 cuando volvió a Barcelona con el séquito del rey Alfonso. Al parecer, con las generosas donaciones reales por su singular ingenio, Mossèn Borra se compró un terreno en dicha calle donde se hizo construir una casa, pero, personaje cortesano y viajero, murió en Capua, Italia, en 1446 y sus restos mortales volvieron a Barcelona para ser enterrado en la Catedral.

Un extraño robo

Barcelona, ciudad comercial y punto de entrada al reino de Aragón desde el mar, tuvo desde antiguo mesones y posadas para dar cobijo a los muchos viajeros que llegaban a ella. Uno de estos mesones era el que regentaba alrededor de 1370 un hombre llamado Bernat Conill de origen incierto, aunque tal vez proviniera de Granollers. La situación de aquella antigua fonda es desconocida, aunque debía estar en los alrededores de Santa Maria del Mar y se la cita en documentos judiciales de ese año 1370 a causa de un robo. Al parecer, un clérigo procedente del Bearn, García Arnaut, y su acompañante, Joan Sauret, clérigo del obispado de Aquitania, transportaban una valija con una cantidad indeterminada de florines de oro. Depositada la valija al cuidado del mesonero, otro viajero procedente de Aquitania, Pinet de Bragoyrach, seguramente al tanto del tesoro, lo robó con la complicidad de dos banqueros barceloneses, Guillem Colom y Pere de Rochacrespa. Descubiertos y detenidos los autores, sin que se sepa la causa, el rey Pere IV, en aquel momento en Terrassa, ordenó el sobreseimiento de la causa.

Los hostales más antiguos

Dos de los mesones u hostales más antiguos de los que se tiene noticia en Barcelona estaban en el barrio de La Ribera, uno de ellos el de Pere Sacort cuya existencia se remonta al siglo XIV y el otro era de un ciudadano llamado Sarrovira, citado en el siglo XV. Ambos debieron desaparecer cuando se derribó el barrio para construir la ciudadela. De los muchos existentes en Barcelona queda el recuerdo del Hostal del Sol en la calle Gimnàs que desapareció en el siglo XIX y el Hostal de la Bona Sort que funcionó en la calle Carders como hostal desde el siglo XVI y hoy en día es un restaurante.

L'Hostal de la Bona Sort, uno de los más antiguos de Barcelona, es hoy en día un restaurante.

Embajada o aventura

Dos prohombres barceloneses, Francesch Desplà y Guillem Deztorrent, emprendieron el día 3 de marzo de 1444 un viaje por mar que, en aquella época, no dejaba de ser una aventura en la que la situación de conflicto con Francia o los piratas la hacían sumamente peligrosa. Los dos personajes, enviados del Consell de Cent a entrevistarse con el rey Alfonso V, en Nápoles que acababa de ser conquistada, embarcaron en una galera mandada por Ferruix Beltran y llegaron a Nápoles, sin novedad, veinticinco días después. De las dificultades del viaje dan fe los preparativos legales pues para empezar, el capitán del navío debió prestar juramento de tener la galera lista el día 3 bajo multa de 500 libras y los dos enviados, con la categoría de embajadores, también prestaron juramento de cumplir fielmente la misión enco-mendada y de no recibir ningún tipo de prebenda o regalo por parte del rey. También la elección de los embajadores–aventureros, muy laboriosa, indica que no se trataba de un viaje de recreo. Primero en una reunión del Consell dels Trenta, algo así como el comité consultivo, después la ratificación por el Consell de Cent de la misión señalada, luego la elección de doce prohombres para ayudar a los Consellers a elegir a los dos embajadores y finalmente la elección.

El rey tenía asuntos pendientes

La embajada no era otra cosa que el ruego del Consell de Cent al rey Magnánimo, que regresara cuanto antes de su aventura en Nápoles, pues el reino estaba en una inestable situación a causa del conflicto con Francia y a la larga ausencia del rey que tenía sin resolver asuntos judiciales importantes.

Los piratas de Mataró

El nombre de Antoni Castellet, un desconocido, está también ligado a la historia de Barcelona, no a la gran Historia, pero sí a la vida cotidiana. Se trata de un natural de la villa de Sampedor que vivió alrededor del año de 1518. Cuenta los anales de la ciudad[42] que un día de junio de ese año de 1518, apareció ante la puerta de la Casa de la Ciutat, sede del Consell de Cent, un joven mal vestido y en pésimas condiciones que pidió, desesperado, ser recibido por los Magistrados. Accedió la guardia a llevarle ante los Consellers y el joven, grumete de una embarcación, denunció que su nave, que navegaba por la costa de Cataluña desde Narbona en dirección a Valencia, había sido asaltada y apresada por piratas a la altura de Mataró y que, refugiados los piratas al otro lado de Montjuïc para buscar asistencia médica para sus heridos, él había conseguido escapar. De acuerdo con el gobernador de la ciudad, Pere de Cardona, se organizó una expedición con tres naves y una fuerza de infantería que marchó a pie para cerrar la huida por tierra a los piratas. Después de una corta escaramuza, los delincuentes fueron apresados, liberada la nave apresada y sus marineros cautivos, pero el capitán de los asaltantes resultó ser no un turco o un moro, sino el citado Antoni Castellet que fue juzgado por piratería y ajusticiado en la horca.

Conseller contra la crisis

La ciudad tiene dedicada una plaza a Pere Corominas i Montanya, escritor del siglo XIX, pero no la tiene al conseller del mismo nombre, Pere Corominas, que lo fue en 1483. A raíz de la llamada "guerra civil", que entre 1462 y 1472 enfrentó a las instituciones catalanas contra Juan II, rey de Aragón, la ciudad de Barcelona sufrió una fuerte crisis económica que paralizó por completo la actividad, sumiendo al país en la peor etapa del siglo XV. Tras las Cortes de Barcelona de 1481, los

---

42. *Barcelona, Divulgación histórica*, Ayma.

múnicipes de Barcelona tomaron una serie de medidas que muestran cómo la economía, quinientos años después, no ha aprendido gran cosa. Las medidas puestas en práctica por Corominas recibieron el nombre de "redreç" y consistieron en la reducción de salarios y cargos públicos, la supresión de subvenciones que la ciudad otorgaba a diversas entidades, la recuperación de monopolios como el de la carne, el vino o el coral, el cobro de impuestos al clero y la contribución a las arcas barcelonesas de las ciudades de su entorno. El resultado se vio diez años después cuando la economía volvió a recuperarse lentamente.

El marinero rebelde

En agosto de 1598, los Consellers de la ciudad pidieron al capitán de una galera anclada en el puerto que ordenara a sus galeotes, prisioneros moros y condenados, que trabajaran en la limpieza de arenas acumuladas en la bocana. La construcción del puerto de Barcelona, desde los primeros tiempos de la ciudad, había sido problemática a causa sobre todo de las corrientes que arrastraban las arenas que obstruían la entrada. A fin de facilitar el trabajo, los Consellers habían ordenado que las barcas de transporte o de pesca varadas en la arena de la playa fueran retiradas, bien mar adentro o bien tierra adentro, pero al parecer los propietarios y marineros hacían oídos sordos a la orden a pesar de la amenaza de quemar las barcas que obstruyeran el trabajo. Ante la pasividad de los barqueros, el *capdeguaita* del puerto ordenó a los galeotes que emprendieran la tarea de retirar las barcas, de cualquier manera, lo que provocó un tumulto y una batalla a pedradas con varios heridos graves. El principal autor de la pelea, un marinero llamado Regués, huyó antes de que pudiera ser detenido y en represalia, los Consellers ordenaron que su barca fuera quemada.

El caso del comandante Cortines

El nomenclátor de la ciudad especifica que la calle Cortines, que va de Portal Nou a Bases de Sant Pere, recibe su nombre de la familia propietaria de los terrenos donde se abrió, pero existe una leyenda mucho más interesante sobre el origen del nombre. Cuenta dicha leyenda que en uno de los muchos sitios que sufrió la ciudad de Barcelona, probablemente el de 1625, defendía el Portal Nou un comandante llamado Cortines. En uno de los más furiosos ataques de los sitiadores, Cortines resultó herido de gravedad, pero consiguió huir antes de que le capturaran sus enemigos y fue a dar a una vivienda de la calle que nos ocupa. Dos muchachas que vivían solas le recogieron con la mayor discreción y curaron sus heridas durante semanas hasta que, restablecido pudo darse a conocer. En recuerdo de su estancia, aquella calle fue rebautizada con su nombre.

El Corpus de sang

El dato más fidedigno sobre el corpus de sang es que se inició en la calle Ample, el día del Corpus, 7 de junio de 1640, pero a partir de ahí las versiones difieren, como no podía ser de otro modo. Según algunas crónicas, un magistrado de la Real Audiencia intentó detener a un dirigente de los segadores, al que acusó de ser uno de los instigadores de la muerte del alguacil real Miquel de Montrodon en Santa Coloma de Farners. El segador resultó malherido y esa fue la chispa que hizo saltar la insurrección en toda la ciudad con el resultado de una veintena de muertos, casi todos funcionarios reales. Otra versión afirma que en la calle Ample se originó una pelea cuando los segadores identificaron a un criado del alguacil asesinado en Santa Coloma y este atacó e hirió a un segador. Unos trescientos segadores se dirigieron entonces hasta el palacio del virrey, Dalmau de Queralt exigiendo que se castigara al criado. El motín estalló y resultó muerto el virrey lo que supuso el inicio de una guerra que duraría doce años.

Corpus de sang,
d'Antoni Estruch i Bros
(1907).

Un Conseller olvidado

La llamada Guerra de los Nueve Años, entre 1689 y 1697, que enfrentó a Francia con la Liga de Augsburgo que agrupaba a Inglaterra, España y Austria, tuvo varios escenarios, especialmente navales, y uno de ellos fue Cataluña. Entre 1696 y 1697 una potente escuadra francesa al mando de Victor–Marie de Estrèes y las fuerzas terrestres mandadas por Louis Joseph de Borbón, duque de Vendòme, pusieron sitio a Barcelona y la sometieron a un intenso bombardeo sin que la ciudad tuviera medios para repeler la agresión. El Portal Nou, la puerta de la muralla situada en la actual plaza del Comerç, fue especialmente castigada por los bombardeos y los asaltos de los franceses y allí cayó mortalmente herido el conseller Joan de Marimon, responsable militar de la defensa de la ciudad. Marimon fue hecho prisionero y murió poco después sin poder ver como una escuadra inglesa llegada desde Gibraltar obligó a retirarse a los franceses.

San Ignacio y Sant Cebrià

En la obra *Els secrets del barris de Barcelona*[43] ya se habla de la antigua ermita de Sant Cebrià, en plena sierra de Collserola y de la leyenda que sitúa en ella, como visitantes, a Francisco de Asís, en

---

43. José Luis Caballero, Robinbook 2011.

el siglo XIII y la de Ignacio de Loyola. De ésta última, aunque no existe la seguridad absoluta, hay muchos indicios de que sí estuvo en ella el ilustre santo, fundador de la Compañía de Jesús. Según los documentos de la época, Ignacio de Loyola vivió en Barcelona entre mediados de febrero de 1523 y el 20 o el 22 de marzo en que embarcó para Italia camino de Tierra Santa. Más probable es que visitara la pequeña ermita, muy venerada por los barceloneses de la época, entre febrero de 1524 y julio de 1526, en que vivió en Barcelona dedicado principalmente al estudio del latín en una casa de la calle Boira, en el número 3, hoy desaparecida, con el maestro Jeroni Ardèvol. Una tercera visita de Ignacio a la ciudad fue más fugaz, de paso desde Salamanca, donde estudiaba en su Universidad, hacia París a principios de 1528.

Un destacado transeúnte

Un poema de Martín de Albió[44] fija en el día 19 de junio de 1525 cuando una flota de veinte galeras y otros buques menores llegó hasta el puerto de Barcelona con un pasajero ilustre. Nada menos que el rey de Francia, Francisco I, hecho prisionero en la batalla de Pavía, donde los temibles tercios españoles de Carlos I de España y Emperador de Alemania habían derrotado al ejército francés. Apenas hacía cinco meses de la batalla que abrió las puertas de Italia al Emperador

Francisco I, rey de Francia.

y por su deseo expreso, la ciudad de Barcelona se engalanó para recibir el insigne prisionero de guerra. El desembarco se produjo en la playa de la Ribera, cerca del Portal de Mar y fue saludado con salvas de los cañones emplazados junto a la Llotja. Por deseo del rey francés, consciente de ser un prisionero, no acudieron a recibirle los Consellers e inmediatamente fue acompañado a la residencia que le había sido preparada, en la Rambla, en una casa relativamente sencilla propiedad del arzobispo de Tarragona, sita en una propiedad entre las que hoy son las calles de San Pau y la calle Ample.

---

44. *Divulgación histórica*, Ayma, Barcelona, tomo II.

La reliquia de Ignacio de Loyola

La iglesia de Betlem, en la esquina de la Rambla con la calle del Carmen, fue incendiada en 1936, como es sabido[45], y de sus grandes tesoros artísticos apenas quedó nada. Perdido irremediablemente fue un puñado de lana basta, sin hilar, que había sido parte de un colchón donde durmió y convaleció Ignacio de Loyola en algún momento de su estancia en Barcelona, que tuvo lugar entre 1524 y 1526. Según parece, Ignacio de Loyola, muy estricto con las normas de monjes y monjas, se indignó cuando vio que las monjas de clausura del Convento de los Ángeles, fuera de las murallas, no seguían a rajatabla las reglas de la orden y por la noche, tras las rejas, festejaban con los jóvenes que se acercaban hasta los muros del convento. Urdió entonces Ignacio, acompañado de un amigo tan indignado como él, un escarmiento a los jóvenes y se presentaron una noche con la intención de darles unos palos, pero el resultado fue nefasto y el futuro San Ignacio recibió una paliza tal que pasó semanas en la cama, sobre el colchón de lana, reponiéndose bajo los solícitos cuidados de devotas y admiradoras en la casa donde vivía en la calle Simon Febrer que hoy se llama de San Ignacio.

Una leyenda

En la histórica plaza del Rey, en pleno Barrio Gótico barcelonés, se abre una de las entradas, siempre enrejada, al Museo Frederic Marès, instalado allí en 1946 con la colección de obras de arte del escultor del mismo nombre. Ese edificio que hoy alberga el museo fue en otros tiempos la sede de la Reial Audiència de Catalunya, algo así como el Tribunal Supremo de justicia fundado en 1370. En la plaza, frente a la Audiència, fue ajusticiado (mutilado y decapitado) el día 8 de enero de 1634 Joan Sala i Ferrer, conocido como *Serrallonga*, el bandolero afecto

---

45. *Los secretos de las calles de Barcelona*, José Luis Caballero/David Escamilla, Ediciones Robinbook.

al grupo de los *nyerros* que había aterrorizado a todo el Principado durante más de veinte años. El bandolerismo había sido una plaga incontrolable desde hacía más de cien años en parte por la miseria de la población y en parte por la injusticia y la ineficacia de los poderes públicos. Serrallonga había llegado a ser muy popular pues sus primeras acciones habían ido contra los recaudadores de impuestos y finalmente, el nombramiento de un nuevo virrey, Francisco Fernández de la Cueva, duque de Alburquerque, sentó las bases para la eliminación del bandolerismo.

Serrallonga, bandolero del bando de los *nyerros*, que había atemorizado el Principado durante más de veinte años.

La leyenda de Serrallonga

A modo de reportaje periodístico, el escritor Llorenç Capdevila hace en su libro *Serrallonga, el último bandolero*, un relato de lo que fue la vida y muerte de Joan Sala i Ferrer, el bandolero *nyerro* nacido en Viladrau en 1592, que pasó a la historia popular más como un héroe que como un villano. En el imaginario popular adquirió el carácter de mito ensalzando la supuesta virtud de robar a los ricos para devolverlo a los pobres, al estilo de Robin Hood o Curro Jiménez (nombre televisivo de Andrés López, bandolero). En realidad Serrallonga robaba a los ricos, evidentemente, pero no para repartirlo entre los pobres. Su leyenda se cimentó a partir de su muerte cuando empezaron a aparecer aucas, poemas orales y relatos sobre sus hazañas.

El caso del embajador veneciano

En el año 1600, el noble veneciano, Simeone Contarini, fue nombrado embajador del Dux de Venecia ante la corte de Felipe III, tomando posesión del cargo en Valladolid en diciembre de 1601. Su antecesor, Francesco Soranzo[46], emprendió el viaje de regreso a Venecia y pasó por Barcelona en marzo de 1602 provocando un incidente muy desagradable que tuvo como protagonista a un menestral guarnicionero, artesano del cuero. El suceso lo relata Jerónimo Pujades en su dietario y lo sitúa el día 12 de marzo de 1602 cuando el menestral, del que no cita el nombre, asaltó e hirió a cuchilladas al caballero veneciano en algún lugar junto a la muralla de mar. El asunto se había generado cuando Soranzo encargó unos trabajos en cuero al menestral y al serle entregados los rechazó indignado y se negó a pagar porque, según él, eran de ínfima calidad. El artesano, resignado, los vendió para resarcir la pérdida y entonces el caballero veneciano montó en cólera, insultó al artesano y le amenazó con darle una paliza en venganza. Ante la amenaza, el guarnicionero reunió a un grupo de amigos y asaltó y acuchilló a Soranzo. El ex embajador sobrevivió con solo algunas heridas y el asaltante fue perseguido por la justicia hasta que logró refugiarse en el monasterio de Sant Pere de les Puel·les donde falleció poco después.

Cervantes, sí o no

Ya en el libro *Los secretos de las plazas de Barcelona*[47], señalábamos que en el número 2 del Paseo de Colón, en la esquina de la plaza de Antonio López, sobrevive todavía un edificio, muy restaurado, en el que residió Miguel de Cervantes durante su estancia en Barcelona. En la obra sobre divulgación histórica dirigida por Durán Sanpere[48] se afirma que en aquellas fechas, mediados los años cuarenta, ese edificio, del que ya se

46. *Réplica de Don Juan de Iriaquez al embajador Contarini*, Joaquin Gil Sanjuan.

47. José Luis Caballero/David Escamilla, Ed. Robinbook 2010.

48. Ed. Ayma 1947.

decía que fue residencia de Cervantes, sufrió una remodelación, prácticamente un derribo y reconstrucción. Concretamente fue en 1945 cuando Adolf Florensa realizó la obra de remodelación del edificio que, según crónicas del siglo XVI, había albergado una fonda no demasiado lujosa. De la estancia del autor de Cervantes en Barcelona no queda constancia alguna, salvo la de él mismo en sus obras. La base de la historia no es otra que la obra de Martí de Riquer, *Cervantes en Barcelona*, quien afirma en el libro que fue en 1610 cuando Cervantes residió, por poco tiempo, en la Ciudad Condal. No hay constancia histórica de ello, por lo que quizá no fue Cervantes, sino su alter ego Alonso Quixano quien visitó y admiró la ciudad.

Miguel de Cervantes.

Los Médici y Barcelona

Desde 1997 reside en Barcelona Lorenzo de Médici, escritor y descendiente de la ilustre familia Florentina que ha dado a la Historia personajes como Lorenzo El Magnífico, los Papas León X, Clemente VII y León XI o Catalina, reina de Francia, esposa de Enrique II. Desde luego no es el único Médici que ha visitado Barcelona. Un antepasado suyo, Cosme de Médici, duque de Toscana, residió una temporada en la ciudad en 1668. El ilustre Médici se alojó en un hostal en la zona del puerto conocido como El León de Oro y pidió desde el primer momento absoluta discreción sobre su viaje, prescindiendo de las recepciones oficiales y los agasajos. Las razones de tal comportamiento no están demasiado claras pero la personalidad de Cosme de Médici, muy introvertido y extremadamente religioso, le hacían huir de todo acto mundano y de hecho, según algunos autores, también de su esposa, Margarita Luisa de Orleans, que le abandonó unos años después, en 1672.

Cagliostro, un hombre misterioso

De todos es conocida la oscura aventura del collar de la Reina novelada por Alejandro Dumas pero con una probada autenticidad y que implicó a la reina Maria Antonieta, esposa de Luis XVI, y al cardenal Louis Renée Eduard Rohan. Uno de los acusados por aquella monumental estafa fue un siciliano de oscuro origen llamado Cagliostro pero también marqués de Pellegrini, conde Félix, príncipe de Trapezunt y posiblemente Guiseppe Balsamo. Cagliostro estuvo una temporada de su azarosa vida en Barcelona, concretamente residiendo en cierto Hostal del Sol u Hostal d'en Sol que se encontraba en la calle del mismo nombre, aún existente, que va de la plaza Traginers hasta la de Fusteria, pero en un tramo hoy desaparecido para abrir la calle de Àngel Baixeras y la de La Fusteria. Se supone que Cagliostro viajó luego a Italia donde se le perdió la pista.

Conde Alessandro di Cagliostro, médico, alquimista, ocultista, rosacruz y masón, recorrió las cortes europeas en el siglo xviii.

Una estafa bien urdida

La gran estafa del collar de la reina fue urdida por Jeanne Valois–Saint–Remy, condesa de Lamotte, aristócrata empobrecida, ayudada por su amante Marc Retaux de la Villette. Entre ambos consiguieron hacer creer al riquísimo cardenal Louis Renée Eduard Rohan que Jeanne era íntima de la Reina y que iba a conseguir para él que se le nombrara Primer Ministro, al estilo de Richelieu o Mazarino. De ese modo le sustrajeron grandes cantidades de dinero e incluso le engañaron con la actuación de una prostituta, Nicole Leguay, haciéndole creer que se entrevistaba con la reina en persona. No obstante, la estafa más grande se dio cuando Jeanne Valois–Saint–Remy se enteró de la existencia de un fabuloso collar de diamantes valorado en casi dos millones de libras que el rey había encargado para su amante y que finalmente no pago. Jeanne consiguió que el cardenal avalara la compra y se lo entregara, por mediación supuestamente de Cagliostro, pensándose que era para la Reina. Finalmente, todo se descubrió cuando el 1 de agosto de 1785 venció el primer pago de 400.000 libras que debía hacer la Reina, según el contrato. El rey hizo detener a Rohan, a la condesa, a la prostituta que se hizo pasar por la reina y a Cagliostro. El marido de Jeanne huyó a Inglaterra con lo que quedaba de los diamantes y el amante de ella, Rétaux de Villette a Suiza.

Cagliostro pasó una temporada en La Bastilla y Jeanne consiguió también huir a Londres donde se suicidó en 1791 cuando los revolucionarios la llamaron a París para homenajearla como a una heroína por descubrir la corrupción de la Corte.

Maria Antonieta.

El general Álvarez de Castro

El héroe de la resistencia en Girona contra el ejército de Napoleón, Mariano Álvarez de Castro, tiene una pequeña calle dedicada en Barcelona, que desde mediados del siglo XIX llevó escuetamente el nombre de Álvarez, y era un tramo de una vía más larga que llevaba el nombre de Santa Caterina, desaparecida en 1844 cuando empezó la construcción del mercado. En 1944, las autoridades municipales le cambiaron el nombre por el más pomposo, y más claro, de General Álvarez de Castro. Este ilustre militar se distinguió como es sabido en la defensa de Girona pero es menos sabido que era el Gobernador Militar del castillo de Montjuïc en 1808 cuando el ejército francés mandado por Duhesme ocupó Barcelona. Desobedeciendo las órdenes emanadas del gobierno prisionero en Madrid, Álvarez de Castro se negó a entregar el castillo a los franceses. Cuando recibió una orden directa del Capitán General de Cataluña, José Manuel de Ezpeleta, lo entregó pero inmediatamente huyó para unirse a la resistencia contra los ocupantes y se le nombró Gobernador Militar de Girona.

Mariano Álvarez de Castro, tiene una pequeña calle en Barcelona.

El caso del general Duhesme, azote de Barcelona

Entre 1808 y 1810, la ciudad de Barcelona sufrió el azote de un hombre especialmente cruel, el general Guillaume Philibert Duhesme, jefe del ejército francés de ocupación en la ciudad, que trató con tal dureza a la población que incluso fue relevado y detenido por su superior el mariscal Augereau y llamado a París para enfrentarse a un consejo de guerra. Durante gran parte de los dos años en que aterrorizó Barcelona, Duhesme se alojó en la Casa Fiveller, un bello edificio gótico catalán situado en la plaza de Sant Josep Oriol, frente a la fachada lateral de la iglesia del Pi, propiedad del Marqués de Villel. Su sucesor al frente del ejército francés de ocupación, Augereau, no quiso alojarse en el mismo lugar que el denostado general y acondicionó el Palau Reial, la actual Delegación del Gobierno en el Pla del Palau, como su sede. El papeleo burocrático se fue retrasando y Duhesme, apartado del servicio activo, se libró de la desastrosa campaña de Rusia en 1813 y se reincorporó al servicio de Napoleón en 1814 tras el regreso del Emperador del exilio de Elba. Durante años no se supo cuál había sido su fin, pero finalmente se descubrió que cayó herido de muerte en combate en la batalla de Waterloo, al mando de una brigada de la Guardia Imperial, fue recogido por los prusianos y falleció poco después, paradojas de la vida, en una posada llamada Del Rey de España, cerca de la ciudad belga de Ways.

Xifré, siete puertas y siete porches

Uno de los restaurantes con más solera de Barcelona y que vivió días de gloria es el Siete puertas, en el Paseo de Colón, en el tramo conocido antes como Paseo de Isabel II. El edificio que lo alberga, uno de los pocos porticados que existen en Barcelona, es un gran bloque construido a partir de 1831 como parte del proyecto de un hombre singular, Josep Xifré i Casas. Nacido en Arenys de Mar en 1777 en el seno de una familia marinera, Xifré emigró a Cuba espoleado por las deudas heredadas de su padre y allí, como tantos indianos, hizo

Josep Xifré i Casas hizo construir el gran edificio porchado delante de la sede de la Bolsa.

fortuna a base de contrabando y comercio más o menos legal. Volvió a Barcelona en 1831, rico y casado además con una rica heredera norteamericana, Julia Downing. Fundador y primer presidente de la Caja de Ahorros y Monte de Piedad de Barcelona (precursora de La Caixa) hizo construir el gran edificio porticado ante la sede de la Bolsa como vivienda propia, oficinas de sus negocios y además, en los bajos, el restaurante Siete puertas, que sería el más famoso de aquella época barcelonesa. El elemento mas destacado del edificio es sin duda el pórtico que durante años llevó el nombre popular de Porxos d'en Xifrè.

Francesc Derch, el héroe de Gràcia

En la calle de Santa Anna, un pequeño paso entre los números 27 y 29 da paso a la bucólica placeta que lleva el nombre de Ramon Amadeu y que en tiempos se llamó de Santa Anna. En ella se encuentra una de las iglesias más desconocidas y más bonitas de Barcelona, dedicada a esa santa, madre de la Virgen Maria según los Evangelios. En esa iglesia, en julio de 1909, tuvo lugar la ceremonia de exequias de un hombre singular, Francesc Derch i Aliò, el último alcalde de la Vil·la de Gràcia independiente, que fue además uno de los más aguerridos luchadores en la "revuelta de las quintas" de 1870. Derch i Alió fue alcalde entre octubre de 1896 y abril de 1897 y de su significación republicana y revolucionaria fue derivando hacia posturas conservadoras.

Francesc Derch i Alió, líder de la «revolta dels quintos» de 1870 y último alcalde de la Gràcia independiente.

Los Milans del Bosch

La familia Milans, de ilustres militares, tiene dedicada una pequeña calle, formando un ángulo, que va de la calle Avinyò a la Cignas. Fue abierta hacia 1850 en terrenos que pertenecieron a dicha familia que había obtenido un título de nobleza en 1739 en la persona de Bonaventura Milans, originario de Arenys de Mar. El militar más recordado de esa familia, y más denostado, es sin duda el teniente general Jaime Milans del Bosch, fallecido en Madrid en 1997, que como capitán general de la III Región Militar con sede en Valencia formó parte de la conspiración y el intento de golpe de estado del 23 de febrero de 1981. Juzgado y condenado fue expulsado del ejército. Su abuelo, Joaquín León Milans del Bosch y Carrió, también de infausta memoria, fue Capitán General de Cataluña en la peor época de luchas sociales, superior directo del Gobernador Militar Martínez Anido, protector de los pistoleros de la patronal que causaron más de doscientos obreros muertos. El general Primo de Rivera, tras su golpe de Estado en 1923, nombró a Joaquín Milans del Bosch Gobernador Civil de Barcelona y aunque no participó activamente en el golpe de Estado de 1936 fue detenido por milicianos anarquistas y fusilado sin juicio el 30 de agosto. De signo totalmente diferente fueron sus antepasados, los generales Francisco y Lorenzo Milans del Bosch, padre e hijo, involucrados siempre en pronunciamientos liberales y contra la tiranía.

El caso Antonio López

Es cosa sabida que la plaza de Antonio López, en el cruce de la Via Laietana con el Paseo de Colón, está dedicada a Antonio López López, nacido en Comillas (Santander) en 1817 y muerto en Barcelona en 1883. Su estatua adorna la citada plaza y es escenario frecuentemente de manifestaciones de ciudadanos que piden que sea retirada, al igual que el nombre de la plaza, por el hecho de que López, primer marqués de Comillas, hizo su fortuna en Cuba en base al comercio de esclavos. Sus biografías acostumbran a minimizar ese hecho y se la califica de filántropo, empresario y banquero, algunas veces de comerciante y casi nunca de traficante de esclavos. Su trayectoria como negrero se inició hacia 1849 cuando formó la sociedad Antonio López y Hermano y consiguió la licencia para establecer una línea de navegación entre Guantánamo y Santiago de Cuba. Uno de sus vapores, el General Armero, construido por William Cramp & Sons, Shipbuilding Company, de Filadelfia, fue entonces utilizado como transporte de negros africanos secuestrados para ser vendidos como esclavos.

Antonio López, armador y comerciar entre sus negocios estaba el comercio de esclavos.

Un prohombre con trazos oscuros

La primera piedra del monumento a Antonio López fue colocada el 24 de septiembre de 1883 en presencia del alcalde Rius i Taulet que, según crónica de *La Vanguardia* de la época, "pronunció un elocuente discurso, en el que puso de relieve las brillantes cualidades que adornaban al señor marqués de Comillas", entre ellas la de "que Barcelona en especial, su patria adoptiva, le debía el haber acrecentado su comercio y desarrollado la marina, creando sociedades comerciales y la Compañía Transatlántica". Ni una sola referencia a los desgraciados africanos vendidos como esclavos para cimentar su fortuna.

Verdaguer, el poeta rebelde

Muy relacionado con el marqués de Comillas fue el insigne poeta Jacint Verdaguer, muerto prematuramente, de tuberculosis, el 17 de mayo de 1845. Verdaguer, sacerdote, es reconocido como uno de los más destacados escritores en lengua catalana y piedra fundamental de la recuperación del idioma para la literatura. No obstante, en su biografía se destaca también un lado oscuro, contrario al *establishment* de la época que la causó muchos problemas con la jerarquía eclesiástica. La biografía escrita por Castellani (también sacerdote) achaca al obispo Morgades el confinamiento injusto de Verdaguer en el monasterio de La Gleva donde, probablemente, contrajo la enfermedad que le llevó a la muerte. Uno de los hechos más interesantes, y oscuros, de Verdaguer es el de su relación con Deseada Martínez, viuda de Durán, con la que mantuvo una estrecha amistad durante años. Siempre

críticos unos y otros, sus enemigos afirmaron que existieron relaciones amorosas entre ellos y sus amigos las negaron, pero todos procuraron pasar por alto el hecho de que Verdaguer estaba suspendido de sus funciones sacerdotales mientras convivió con la viuda y con sus hijas entre 1896 y 1898 en una casa aún existente en el número 7 de la calle Penitents.

Jacint Verdaguer, fundador del catalán literario moderno es el escritor más destacado del siglo xix.

Un cuento danés

A partir del 7 de marzo de 2006, los ciudadanos que han pasado por delante del Hotel Oriente en las Ramblas, en su número 45, se habrán enterado que en él se alojó en septiembre de 1862 el ilustre escritor danés Hans Christian Andersen[49], autor de centenares de cuentos para niños, de La Sirenita o de un relato "Viaje por España" absolutamente detallado. Andersen vivió en primera persona la inundación que sufrió Barcelona el día 15 de septiembre. De la Rambla destaca el bullicio y la vida del paseo y de sus alrededores aunque se mostró impresionado por el resultado de la torrencial lluvia que obligó a mucha gente a refugiarse en terrazas y pisos altos.

49. Ignasi Riera lo incluye en su libro *Viatgers de Barcelona* como uno de los ilustres daneses que han visitado nuestra ciudad, además de Simonsen y Laudrup.

El Lawrence español

Es conocida y reconocida la persona del gran viajero Domingo Badía, conocido como Alí Bey, a cuya persona se le ha dedicado una calle en el Eixample, calificado además de viajero como escritor, pues de sus viajes hizo magníficas crónicas. Sin embargo, buceando un poco más en sus muchas biografías, se puede descubrir que Alí Bey es en todo comparable o otro gran arabista, militar y extraordinario agente secreto, T.E. Lawrence. No cabe duda que Alí Bey era un espía altamente cualificado, tal y como Lawrence de Arabia lo fue, aquel para Su Majestad Británica y éste para Su Majestad el rey Carlos IV de España. Su carrera como agente secreto se inició en 1803 cuando Manuel de Godoy, que entre otras cosas manejaba los hilos de la información secreta, le encargó el viaje al imperio otomano dado su profundo conocimiento del Islam y el idioma árabe. Intelectual progresista, lo que en la época significaba ser afrancesado, fue alcalde de la Córdoba ocupada y tras la salida de los franceses de España se refugió en París. Tras la caída de Napoleón, volvió a camuflarse como árabe y viajo a Damasco, pero fue descubierto por los servicios secretos británicos y envenenado con la complicidad de un bajá sirio.

Alí Bei, un espía altamente cualificado.

Acompáñeme al cementerio

El periodista y dramaturgo Alberto Llanas tiene una calle dedicada en Barcelona, en el barrio del Carmelo, en homenaje a su gran producción de obras costumbristas. Personaje bohemio, con gran sentido del humor, sus anécdotas[50] divertidas son muchas, pero una de las más curiosas es que el día de su entierro,

---

50. Una colección de ellas está en el *Anecdotario señalado*, de Riutort.

uno de sus familiares se fijó en un caballero desconocido que acompañó al séquito desde el domicilio del finado hasta el cementerio. Al preguntarle si era amigo del difunto, el hombre respondió que no, pero que un día se lo habían presentado y cuando le dijo la frase hecha: "Disponga de mí en todo y para todo", Llanas le había respondido: "Mire, si me muero antes que usted, acompáñeme al cementerio".

Banquero y conocido

A partir de 1835, los famosos banqueros Rothschild establecieron sus negocios en España con servicios financieros para la Hacienda española y el Banco de España, la propiedad de empresas ferroviarias y de minería o las refinerías de petróleo. No fue hasta 1884 en que un Rothschild, Edmond de Rothschild, viajó a España y de riguroso incógnito pasó por Barcelona. Según cuenta J. Mª Riutort[51], el barón, acompañado del banquero Manuel Girona, tomó café en un establecimiento de la Rambla, probablemente el Café Moka, y al hacer efectiva la cuenta, Rothschild dejó un duro de propina, una fortuna teniendo en cuenta que, por ejemplo, una suscripción de un mes a *La Vanguardia* costaba tres reales[52]. El camarero, al ver la propina, exclamó, "¡Caramba, ni que fuera un Rothschild!". Ya en la calle, el barón, todavía sorprendido, le dijo a su anfitrión: "¿Cómo me habrá conocido?"

Imagen actual del café Moka en la Rambla.

51. *Anecdotario barcelonés ochocentista.*

52. Un real, veinticinco céntimos de peseta, era la unidad monetaria corriente. Un duro, lógicamente, cinco pesetas, es decir 20 reales.

El ladrón arrepentido

El Hotel de las Cuatro Naciones, en el número 40 de la Rambla, tuvo el honor de alojar, durante los meses de abril y mayo de 1881, al insigne tenor Angelo Masini que estaba obteniendo un clamoroso éxito en con la ópera *Fausto*, de Gounod en la temporada del Liceo. En uno de sus viajes en tranvía, Masini tuvo la desagradable experiencia de que le robaran un precioso reloj de oro regalo de sus fans en Florencia. La gran sorpresa de su vida vino cuando un hombre, vestido de modo vulgar, entregó un paquete a su nombre en la recepción del hotel. Cuando Masini lo abrió se encontró con su reloj y una nota escrita con letra un poco torpe que pedía disculpas por el robo, y lo devolvía porque había visto grabada en la tapa del reloj que era un regalo de sus admiradores.

Josep Fonrodona i Riva

Josep Fonrodona i Riva es uno de esos ciudadanos barceloneses, presuntamente anónimos, que la casualidad ha querido concederle un lugar en la historia, aunque sea discreto. Fonrodona fue el primer barcelonés enterrado en el cementerio de Montjuïc cuando éste se inauguró el 17 de marzo de 1883 por obra y gracia del alcalde Rius i Taulet que por cierto también acabó enterrado en el cementerio que él mismo había creado. Fonrodona, según todas las crónicas fue uno de esos "indianos", nacido en Mataró, y enriquecido en Cuba, en el municipio de Matanzas de donde fue alcalde, con el comercio de azúcar junto con su hermano Jaume, de donde regresaron para instalarse, José en una mansión en el Paseo de Gracia donde falleció y Jaume en la casa Fonrodona construida en Mataró por el arquitecto modernista Jeroni Boada.

Lesseps y Barcelona

En 1905 la plaza del barrio de Gràcia que había llevado hasta entonces el nombre de Josepets, por el convento carmelita de Santa Maria de Gràcia del que hoy solo queda la iglesia, cambió su nombre por el de Ferdinand de Lesseps, el promotor del

Ferdinand de Lesseps y su familia.

canal de Suez y del canal de Panamá. Empresario y diplomático de carrera, Lesseps era cónsul de la República francesa en Barcelona en 1842, cuando la ciudad se levantó en armas contra el gobierno a causa de su política con respecto al algodón que empobrecía a los industriales y trabajadores del sector. Por orden del general Baldomero Espartero, en aquel momento Regente, el general Van Halen bombardeó la ciudad el día 3 de diciembre para reprimir a la población con el resultado de treinta muertos y más de cuatrocientas viviendas destruidas. Precisamente, Ferdinand de Lesseps medió entre la Junta Revolucionaria que controlaba la ciudad y el general Van Halen para acabar con el bombardeo.

Después del bombardeo

Una de las consecuencias del bombardeo de Van Halen por orden de Espartero, consecuencia inesperada y sin intención, fue la de abrir una plaza en Barcelona en un lugar donde había viviendas y personas que debieron perderlo todo, si no la vida. El hecho ocurrió en el cruce de las calles Avinyò y Cervantes y después de derribar casas y hacer un cráter quedó un solar que fue urbanizado y recibió el nombre de plaza de Campordón, para cambiarlo a partir de 1865 por el de la Verónica.

Carmen Amaya, los gitanos barceloneses

En la pequeña plaza con el nombre de Joan Burgada, junto al Paseo Marítimo y cerca de la playa del Somorrostro, se encuentra la fuente dedicada a Carmen Amaya, bailadora y cantante, gitana, nacida en Barcelona en 1913. Todavía en vida de la bailadora, en 1959, fue inaugurada marcando un hito en la historia de la relación de Barcelona con los gitanos. La llegada de este colectivo a Barcelona debió producirse entre 1415 y 1425 en que aparecen documentados por primera vez y no fue hasta el reinado de los Reyes Católicos, en 1492, cuando empezaron a sufrir la presión por el afán uniformador de Isabel de Castilla y Fernando de Aragón. Según J.E. Martínez Ferrando[53], que cita los documentos guardados en el Archivo de la Corona de Aragón, durante el siglo XVIII en lo peor de la represión contra los gitanos, llegaron a desaparecer completamente de Barcelona y el censo de 1729 los sitúa solo en Lérida, Tarragona y Girona. En 1746 tampoco aparece Barcelona como residencia de gitanos y un certificado del mismo año, firmado por el notario Ramon Alier, asegura que no existen en Barcelona. No fue hasta 1783 cuando algunos documentos reconocen ya su existencia en Barcelona y la invasión francesa terminó en la práctica con la secular persecución, aunque no con la marginación.

Escultura de Carmen Amaya, bailadora y cantante de flamenco. Obra de Josep Cañas (1966), está ubicada en los Jardines Joan Brossa.

53. *Barcelona, divulgación histórica.* Ayma 1946.

Los egiptanos llegan a Hispania

La palabra *gitano* para identificar al pueblo rom en España proviene al parecer de la definición que de su propio origen dio uno de los primeros grupos en llegar a los reinos hispánicos: Egipto Menor; de ahí el desarrollo de la palabra "egiptano" y "gitano". No quiere eso decir que el pueblo rom, o romaní, provenga de Egipto, sino que de ahí venía uno de los grupos que llegó a Hispania. La mayor parte de autores considera que el origen es la India por una cuestión lingüística, pero no hay evidencias genéticas de que sea así y las costumbres gitanas, mantenidas a lo largo de los siglos, concuerdan con las típicas de los pueblos nómadas, incluidos los judíos del antiguo testamento.

Martí Borràs

En una pequeña tienda con vivienda en la calle de Santa Rosa, en el número 30, hoy inexistente, nació y vivió Martí Borrás, uno de los dirigentes anarquistas más importantes en la Barcelona del siglo XIX. Muy cerca, en lo que hoy es la calle Terol y que en siglo XIX se llamaba de Argüelles, estuvo instalado el Ateneo Obrero donde el seguidor y heredero de Borrás, Leopoldo Bonafulla (su nombre auténtico era Joan Esteve) publicó el periódico *El Productor*, con la redacción en su zapatería de la misma calle de Terol, desde el que proclamaba las ideas anarquistas más revolucionarias. Bonafulla fue a parar a la cárcel en diversas ocasiones, una de ellas en 1909 después de la Semana Trágica y fue estrecho colaborador de Teresa Claramunt.

El contable dibujante

En el número 82 de la Rambla de Cataluña conviven dos establecimientos bien diferentes. Por un lado una más de una cadena de ópticas y por otro El Fornet d'en Rossend, una de las panaderías tradicionales de Barcelona cuya instalación data de 1927. Pero lo más destacado de ese inmueble, de cierta prestancia, es que en él, el día 13 de febrero de 1881 nació Joan Garcia Junceda i Supervia, dibujante e ilustrador, uno de los más destacados y populares del siglo XX. Ilustrador de las obras de Folch i Torres, colaboró en las más importantes revistas ilustradas de la primera mitad del siglo como *Cu–Cut, Papitu, En Patufet* y la revista *Lecturas* (todavía en los quioscos). Junceda, contable de los almacenes El Siglo, se atrevió a hacer una serie de caricaturas de sus jefes y compañeros de trabajo por lo que, después de una ligera amonestación, se le trasladó al departamento gráfico y allí se estrenó como ilustrador con un catálogo sobre vajillas.

Escultor o yesero

El 23 de enero de 1983 moría en Barcelona el escultor Josep Granyer i Giralt que, a sus 83 años de edad, todavía continuaba en activo como escultor e ilustrador. Coetáneo de Apel·les Fenosa y Joan Rebull con los que había formado el grupo "Los evolucionistas", de Granyer se guarda recuerdo sobre todo por dos magníficas esculturas que adornan la Rambla de Cataluña, *La jirafa coqueta* y *Meditación* o el toro filósofo. Inconformista y consecuente, Granyer protagonizó un *affaire* poco conocido a propósito de la exposición de 1929. Contratado por la organización para realizar algunas esculturas, realizó los modelos en yeso de varios caballos para un grupo escultórico, cuando se planteó una discrepancia en el contrato suscrito por él y otros artistas con el Ayuntamiento a cuenta de los salarios que debían percibir. Ante la rebaja de sus honorarios, Granyer se negó a aceptar la imposición de nuevas condiciones no pactadas y abandonó el proyecto, cosa que no hicieron el resto de artistas. Como despedida, Granyer escribió una carta en la que advertía a sus compañeros: "mientras todos los que estáis seguiréis dándole al yeso, yo seré el único que continuaré como escultor". Y desde luego tuvo razón.

En recuerdo de los caídos por Francia

En el parque de la Ciutadella, hogar de tantas y tan buenas esculturas, se yergue con los brazos en alto una figura masculina llena de fuerza y belleza. Una placa en el pedestal dice: "Als catalans morts per la França, 1914– 1918". La estatua es obra de Josep Clarà y recuerda a los cientos (miles según algunos) de catalanes muertos en los frentes de la Primera Guerra Mundial defendiendo Francia del invasor alemán. Algunas cifras dan 15.000 voluntarios que se encuadraron principalmente en la Legión Extranjera y una cifra cercana a los 12.000 caídos. Uno de estos caídos fue el periodista, poeta y pedagogo Pere Ferrés–Costa, nacido en Sant Vicenç dels Horts en 1888 y que después de un periplo por Europa y la Rusia prerrevolucionaria trabajó como corresponsal volante del diario

Medalla honorífica a los voluntarios catalanes.

Las Noticias de Barcelona. Estallada la guerra en 1914 se alistó en el ejército francés y después de luchar en varios frentes cayó en la terrible batalla del Somme en 1915.

Orwell y el Hotel Continental

En mayo de 2012 se cumplieron 75 años del violento enfrentamiento habido en Barcelona, "els fets de maig" entre la CNT/FAI y el POUM de un lado y el PSUC y la Generalitat de otro, "una guerra civil dentro de la guerra civil" como dice Ignasi Riera[54]. Pero esos 75 años marcan también la salida de Barcelona de un hombre singular, George Orwell, escritor, periodista y miliciano defensor de la República española hasta que los hechos de mayo lo pusieron en la disyuntiva de morir a manos del PSUC (el partido estalinista de la época) o abandonar Cataluña. Orwell, que luchó en el frente de Aragón, se alojó durante su estancia en

---

54. *Viatgers de Barcelona,* Ollero & Ramos.

Barcelona en el Hotel Continental que todavía abre sus puertas en el número 138 de la Rambla y allí escribió gran parte de su obra *Homenaje a Cataluña* donde relataba sus vivencias en la ciudad revolucionaria.

¿Quién fue el autor del Laberinto de Horta?

De todos es conocido el encantador, y a veces misterioso, Laberinto de Horta, el jardín de estilo italiano que se abre por encima de la Ronda de Dalt en el distrito de Horta–Guinardò. De su construcción y significado hay abundante bibliografía empezando por la propiedad del terreno, de Joan Antoni Desvalls i d'Ardena, marqués de Alfarrás por su matrimonio, ilustre matemático y físico que se destacó en la lucha contra la ocupación francesa y en su trabajo de elaboración de la Constitución de Cádiz de 1812. Hasta hace unos años el misterio más destacado del laberinto era sin embargo el del autor del proyecto de los jardines, atribuida al italiano Doménico Bagutti. Ernesto Milà en su obra *Misterios de Barcelona*, señalaba que no se podía asegurar quién era realmente Doménico Bagutti. En la Enciclopédia Catalana no existe de él más referencia que su nombre y su trabajo en el laberinto de Horta. No obstante existe un libro sobre su obra escrito por Franco Cavarocchi, editor e investigador, fallecido en 1996, editado en Alemania en 1992. Según Cavarocchi, Bagutti, ingeniero de profesión, nació en Rovio en 1760 y murió en la misma ciudad en 1837. Otra estudio, sobre Bagutti, se publicó en 2010 en el Reino Unido firmada por Lambert M. Surhone, Mariam T. Tennoe, Susan F. Henssonow. Ni en la Enciclopedia Espasa ni en la Enciclopedia Británica aparece su

El parque del Laberinto de Horta, el más antiguo que se conserva en la ciudad.

nombre, como tampoco en la Enciclopedia Italiana donde sí aparecen Giovanni Baptista Bagutti, pintor y Giuseppe Bagutti, sacerdote, nacidos respectivamente en 1744 y 1776 en la misma ciudad. ¿Por qué tanto misterio con Doménico?

Un buen periodista

El 24 de agosto de 1936, el cuerpo sin vida del periodista Josep Maria Planes fue encontrado en una cuneta de la carretera de la Arrabassada con siete disparos de pistola en la cabeza, una muestra de ensañamiento y crueldad más allá del asesinato en sí. Planes, con solo 29 años, era un gran periodista, pionero del periodismo de investigación y una de las plumas más brillantes del periodo republicano en Cataluña. En el momento de su muerte trabajaba para el diario *La Publicitat* donde había escrito su última crónica, "Nit de Vetlla" en la que condenaba la sublevación fascista, pero lo que le llevó a la muerte, en un acto ruin, fue la serie de artículos publicados bajo el nombre genérico de "Gánsters de Barcelona" donde denunciaba la identidad entre las bandas de delincuentes comunes y ciertos sectores de la FAI y la CNT. Por esos artículos y por su investigación en torno a la muerte de los hermanos Badía[55] a manos de un comando anarquista, vivía amenazado de muerte desde muchos años antes y el estallido de la Guerra civil fue el momento elegido para vengarse de su pluma.

Subirachs y Gaudí

Josep Maria Subirachs, escultor y pintor, aunque no arquitecto, ha adquirido fama mundial por sus excelentes esculturas y sobre todo por ser el artífice de la decoración de la fachada de la Pasión del templo de la Sagrada Familia de Gaudí. Sus esculturas son

---

55. *Los secretos de las calles de Barcelona*, José Luis Caballero/David Escamilla.

auténticas obras de arte que decoran diversos puntos de Barcelona y una de ellas es la llamada Forma 212, a la entrada de los Hogares Mundet, colocada en 1957 y que es la primera escultura abstracta colocada al aire libre en Barcelona. Denostada por unos y admirada por otros, su obra en el templo de Gaudí ha oscurecido no obstante sus trabajos escultóricos hasta el punto que el día 10 de junio de 1990, la revista Àrtics organizó una manifestación contra Subirachs y su trabajo en la fachada de la Pasión, manifestación a la que se adhirieron importantes nombres de la cultura y el arte de Barcelona como Joan Miró, Oriol Bohigas, Antoni Tapies, Joan Brossa, Juli Capella, Toni Bernad, Xavier Folch o Guinovart, por citar solo algunos.

Façana de la Passió, Temple Expiatori de la Sagrada Família, obra de Josep Maria Subirachs.

Bibliografía

Almerich i Sellarés, Lluís. *Monografies Històriques de Barcelona,* Llibrería Millà, 1945.

Amades, Joan. *Guia Llegendària de Barcelona.* El Mèdol, Barcelona, 2002.

Archivo Histórico de la Ciudad de Barcelona.

Balaguer, Víctor. *Las calles de Barcelona,* Salvador Manero, Barcelona, 1865.

Campmany, Antonio. *Memorias históricas sobre la marina, comercio y artes de la antigua ciudad de Barcelona.* Madrid, Antonio A. Sancha, 1779.

Carandell, Josep Mª. *La Rambla i els seus misteris,* Nou Art Thor, Barcelona, 1986.

Carbonell, P.M. *De exequiis sepultura et infirmitate Regis Ioannis Secundi,* Barcelona, 1517.

Coll i Alentorn, Miquel. *Història de Catalunya,* Edicions de la Abadia de Montserrat, 1952,

Duran i Sanpere, A. *Barcelona, divulgación histórica.* Institut Municipal de Història de la Ciutat / Ediciones Ayma, 1946.

Escamilla, David/Caballero, José Luis. *Los secretos de las plazas de Barcelona,* Ediciones Robinbook, 2011.

Escamilla, David/Caballero, José Luis. *Los secretos de las calles de Barcelona,* Ediciones Robinbook, 2010.

Executions in Spain from 1812–1975 (www.capitalpunishmentuk.org/garottel.html)

Fabre, J./Huertas Clavería, J.M. *Tots el barris de Barcelona,* Ed. 62, Barcelona, 1976.

Flórez, Enrique y otros. *España sagrada,* Palencia, Real Academia de la Historia, 1775.

Freixenet, Dolors. *L'emprenta d'un imperi.* Barcanova, 1996, Barcelona.

Galiano Royo, César. *El día de Barcelona,* Fundación Anselmo Lorenzo, Barcelona, 2008.

Gomis, Cels. *La bruixa catalana, aplec de casos de bruixeria isupersticions recollits a Catalunya*, Alta Fulla, Barcelona, 1996.

Gorchs, Tomás. *Barcelona antigua y moderna*, Librería Politécnica, Barcelona, 1854.

Hemeroteca de *La Vanguardia*.

Hemeroteca de *ABC*.

Lagarda–Mata, Sylvia. *Fantasmas de Barcelona*. Angle, Barcelona, 2010.

Low, Mary. *Cuaderno Rojo de Barcelona*, AliKornio, Barcelona, 2001.

Lozano, Cristóbal. *Leyendas y tradiciones españolas*, Ediciones Ibéricas, Madrid, 1958.

Marcillo, Manuel . *Crisi de Catalunya hecha por las naciones extrangeras*, Madrid, 1685.

Martínez de Sas, Maria Teresa. *Dicionari Biogràfic del Moviment Obrer als països catalans*, Abadia de Montserrat, 2010.

Miquel Planas, Ramon. *La llegenda del llibreter assasí*, Editorial Montesinos, Barcelona, 1991.

Paz, Abel. *Viaje al pasado*, Fundación Anselmo Lorenzo, Barcelona 2002.

Pérez Samper, Mª de los Ángeles. Tesis doctoral *Felipe V en Barcelona. Un futuro sin futuro*, Universidad de Salamanca, 2000.

Pi, Andreu Avelí. *Barcelona antigua y moderna*, Librería Politécnica, Barcelona, 1854.

Prats, Joan de Deu. *Llegendes de Barcelona*, Abadia de Montserrat, 2007.

Pujades, Jerónimo/ Torner, José. *Crónica Universal del Principado de Catalunya*, Barcelona, 1831.

Riutort, Josep Mª. *Anecdotario barcelonés ochocentista*, Librería Millà, Barcelona, 1946.

Torres Sans, Xavier. *Faida i bandolerisme a la Catalunya dels segles XVI y XVII*, Universitat de Girona, 2003.

Vallescá, Antonio. *Las calles de Barcelona desaparecidas,*Ediciones Ariel, Barcelona, 1945.

Zeuske, M. i García Martínez, Orlando. *La amistad de Cuba:*

Ramon Ferrer, contrabando de esclavos. Captividad y modernidad atlántica, Caribbean Studies 2009.
www.ejercito.mde.es
www.jewishencyclopedia.com/